眾人畏懼的

鬼之姿態

❖羅城門渡邊綱斬鬼腕之圖

羅城門為京都玄關，自中世紀起就是鬼的巢穴。渡邊綱是相當有名的斬鬼之人，他帶著一把名為髭切的名刀前往該處，斬斷了出沒當地的鬼之手腕。

日本歷史上最初記載有案的鬼，是八世紀時編撰的《出雲國風土記》，當中提到一個獨目的食人鬼阿用鄉。之後鬼就以會吃人的狀態存在，地位較人類為高、君臨世界使人類感到畏懼。鬼象徵著死亡，危害著人類的存在。

❖百物語化物屋敷之圖

這是以落語家林屋正藏工夫的落語題材描繪的圖，畫的是姿態千奇百怪的妖怪們襲擊民家的樣子。

❖怪物畫本（大佛怪物）

湯本豪一紀念日本妖怪博物館（三次妖怪博物館）藏

這是由許多坍方土塊形成的臉堆疊在一起而成的妖怪，與《鬼滅之刃》當中鬼最後的樣子頗為相仿。

✣土蜘蛛襲來圖

湯本豪一紀念日本妖怪博物館（三次妖怪博物館）藏

源賴光等人打倒的巨大蜘蛛屍身當中，冒出了許多人頭。在《鬼滅之刃》那田蜘蛛山篇當中也有蜘蛛樣貌的鬼。

✣和漢百物語（清姬）

清姬由於戀慕之人不理會自己而怨恨對方，化為蛇體之鬼。在《鬼滅之刃》第一八八話當中也出現了蛇身女鬼。

❖新形三十六怪撰

（蒲生貞秀臣土岐元貞甲州猪鼻山魔王投倒圖）

居住在豬鼻山的大魔王，派出巨大佛像及仁王樣貌的怪物與討伐隊戰鬥。令人想起了《鬼滅之刃》第一六二話中童磨的血鬼術。

主馬佐 坂田公時
一勇斎國芳画
一勇斎國芳画

❖大日本歷史錦繪（大江山酒呑童子）

鬼之首領・酒吞童子在與源賴光等人戰鬥時巨大化，即使首級被斬下也尚未死亡，繼續抵抗。

新形三十六怪撰（重葛籠）

圖上描繪的是葛籠（藤箱）當中有妖怪冒出來的一幕。包含獨眼、三眼、長頸、蝸牛眼等各種異形姿態。

千奇百怪的眾鬼們

✣今昔稻生物怪錄繪卷
湯本豪一紀念日本妖怪博物館（三次妖怪博物館）藏
圖上描繪的是備後三次之地的稻生平太郎所經歷的怪奇現象，牆壁上冒出了大量男女老少的臉龐。

鬼的樣貌會隨時代變化，並不固定。頭上有角、穿著虎紋褲子、拿著金屬棍棒的鬼，是江戶時代以後才出現的。所謂的鬼，就是怪異之物。因此有時象徵絕對的力量而受人畏懼，有時則被認為是寄身萬物的精靈，其姿態變幻萬千。

✣今昔神農鬼島退治繪卷
湯本豪一紀念日本妖怪博物館（三次妖怪博物館）藏
故事內容描述神農擊退那些使人類感到煩惱的鬼。他們的樣貌奇特，不像人也不像動物。

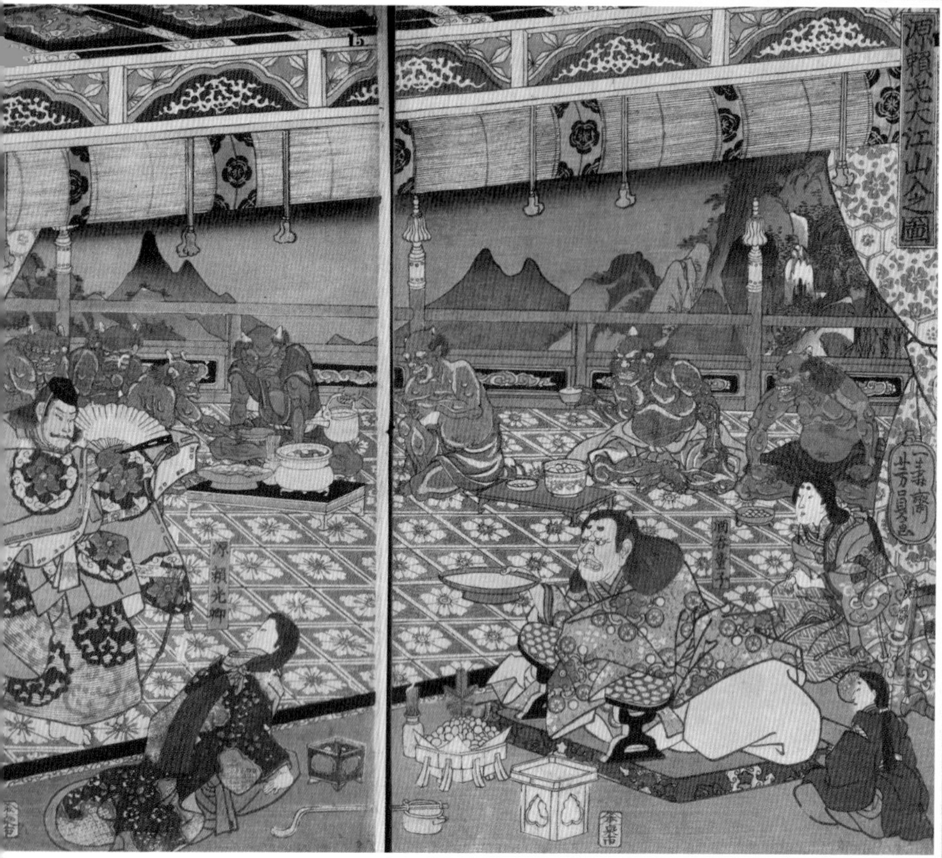

日本官方歷史當中記錄了有人遭鬼所害的事實。像這樣的鬼並非抽象概念中的鬼，應該是實際存在的人類。由於社會高度成長，有的人脫離了社會結構，當中有些人就會危害其他人類。所謂的鬼，是人類自己造成的社會問題。

真實存在的

鬼之真面目

❖源賴光入大江山之圖

源賴光偽裝自己的身分，潛入鬼之首領．酒吞童子的根據地。對方拿人類的手腳製成的料理以及鮮血來招待賴光等人。

❖大日本將鑑「酒吞童子　源賴光」

和「源賴光入大江山之圖」描繪的是同一個場景，但鬼部下卻是人類的樣子。

❖清水寺緣起繪卷

上卷（部分）

圖片提供：TNM Image Archives

圖上描繪的是村上田村麻呂討伐蝦夷的情景。東北地區位於京都的鬼門方向，因此蝦夷的人就被描繪成鬼一般的姿態。

❖ 東海道五十三對（土山）

圖上描繪的是居住在伊勢國及近江國交界處鈴鹿地區的鬼——鈴鹿御前。也有認為鈴鹿御前是女盜賊、女神或者天女的傳說。

記載著「鬼」的文書會大受歡迎，通常都是時代面臨到非常大的轉捩點。像是遷都至平安京、鎌倉幕府誕生帶來武士時代、幕末動亂與明治維新……鬼誕生於舊時代及新時代的交接點。無法預測未來而「疑神疑鬼」的人們試圖摸索出鬼的樣貌，而被時代拋在後頭的人便成為鬼。

時代交替時
鬼便會現身

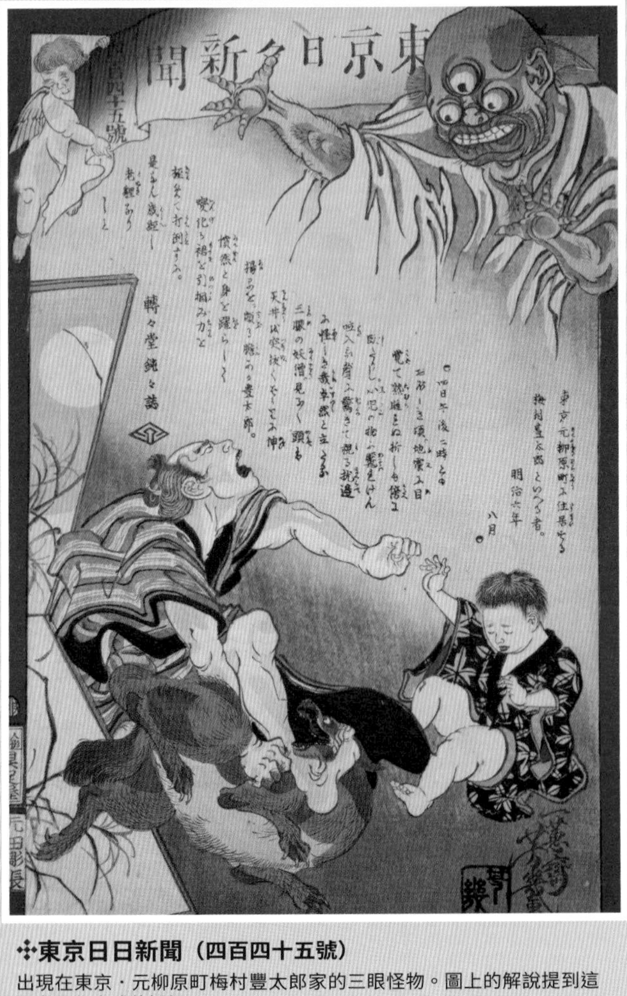

✣東京日日新聞（四百四十五號）

出現在東京・元柳原町梅村豐太郎家的三眼怪物。圖上的解說提到這是老狸化身成的妖怪。

❖郵便報知新聞（第六百六十三號）

東京・神田福田町木匠家出現的和尚，每天晚上都和木匠的妻子進行不得體的行為。

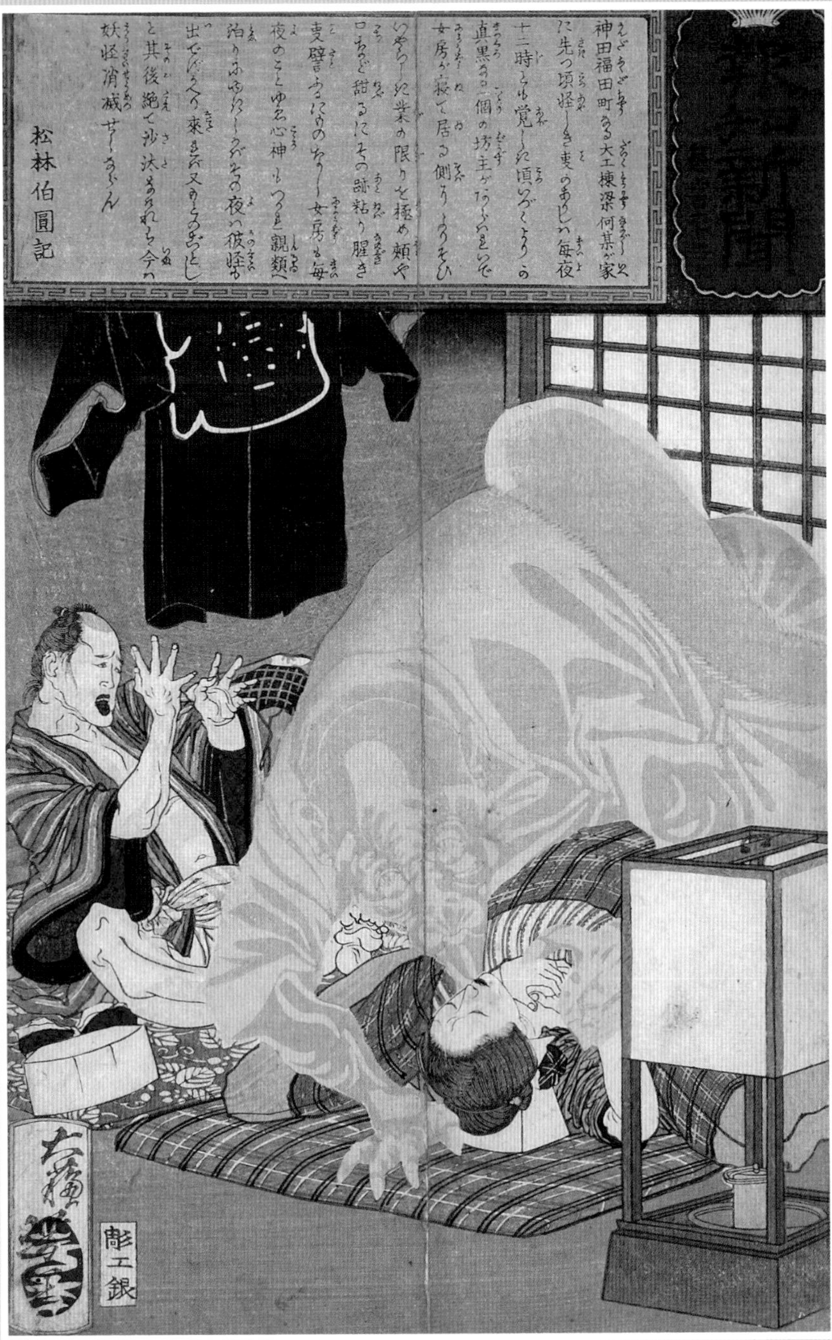

春日權現驗記（部分）

圖上描繪出鬼在屋頂上窺視家中的樣子。鬼是疫病之神，正在找機會要讓屋內的人類感染疫病。

鬼與疫病

鬼象徵死亡，因此人類也認為鬼會帶來疫病。赤鬼是高燒狀態的赤紅色臉龐；青鬼是面無血色的死者面孔。人們認為鬼是傳染病的成因，因此摸索著該用哪些方法祛除鬼。

「鬼滅的暗號」

從角色、故事、戰鬥、時代、紋樣、聖地，
解密《鬼滅之刃》

瀧音能之 監修
黃詩婷 譯

序言

為何日本人會被打擊鬼怪的故事所吸引？

全日本都為之著迷的國民漫畫

日本自古流傳的民間故事當中，最有名的故事之一應該就是「桃太郎」吧？桃太郎自河川流下的桃子當中誕生，將黍米糰子分給狗、猴子、雞，讓牠們成為自己的夥伴。接著他們前往讓人類感到痛苦的鬼之島，取回了那些被鬼奪走的金銀財寶。大家在孩提時代開心聆聽的打鬼故事，轉換了型態之後於令和時代依舊緊緊抓住不同年代人們的心，使大家深感著迷。

由吾峠呼世晴老師在《週刊少年 JUMP》上自二〇一六年十一號起連載至二〇二〇年二十四號的《鬼滅之刃》，截至二〇二〇年十二月止，單行本的累計發行冊數已經超過一億兩千萬本；二〇二〇年十一月在日本上映的電影版《鬼

滅之刃劇場版　無限列車篇》，已經登上日本電影史上最高的票房紀錄。

故事發生在距今大約一百年前的大正時代，地點是位於東京、山梨及埼玉縣交界的雲取山中，以製炭維生而過著寧靜生活的少年竈門炭治郎，這天他像平常一樣去城鎮上販售木炭。但是第二天回到家裡的時候，發現全家都被鬼殘忍殺害，唯一存活的妹妹禰豆子因為沐浴在鬼血之下，因此也變成了鬼。炭治郎為了讓成為鬼的妹妹恢復為人類之軀，因此加入了殺鬼集團——鬼殺隊，致力於與鬼作戰。

描繪人鬼之間戰鬥的人類社會雙面性

《鬼滅之刃》最大的特徵就是除了主角等正派角色以外，也非常詳細敘說敵人每隻鬼的過去。在作品當中出現的鬼，並非生來就是可憎的怪物。由於經歷貧困、疾病、嫉妒、怨恨等不幸的過往，因此拋棄人類身分而成為鬼，並且開始攻擊人類。另一方面，負責殺鬼的鬼殺隊隊員們也幾乎都有著相當悲慘的過往，大多數和炭治郎一樣，家人或親友遭到鬼殺害。

他們是在人類社會當中沒有自己立足之地、遭人類凌虐的鬼，或是那些被鬼奪走原先生活的人類。《鬼滅之刃》當中的戰鬥，可說就是心繫過往的人們不斷彼此拚死戰鬥的悲傷故事。在人類的眼中，鬼是邪惡的存在；但在鬼的眼裡，人類才是邪惡的。

從日本史的觀點解讀《鬼滅之刃》

像這樣的雙面性，與日本歷史上描繪的鬼是完全相同的。在歷史上，不服從中央政權的地方勢力、被人類社會排擠的人們與前科犯、遭到他人輕蔑的被歧視族群等，都會被視為鬼。

《鬼滅之刃》當中，有許多段落反映出日本歷史。作品當中使用了許多日本傳承的神話、中世紀到近代的習俗、近代化之後明治及大正時期產生的文化等等各種歷史的題材。

所謂歷史，就是前人留下的足跡，有過去才有現代，有前人才有現在的我們。就算腦中不具備那些歷史知識，過去的歷史依然大為影響我們現在的思考方式及思想。《鬼滅之刃》將我們平常不會注意到的那些過去歷史，投影在故事當中及角色身上。正因如此，我們才會對可說是古典命題的「打鬼」故事感

源賴光宅邸出現土蜘蛛妖怪圖

湯本豪一紀念日本妖怪博物館（三次妖怪博物館）典藏
描繪的是源賴光與其部下四天王，他們與出現在宅邸的土蜘蛛們拚死戰鬥的樣子，彷彿就是無限城一戰的場景。

同身受而傷心落淚。解析日本歷史，應該就能夠找出《鬼滅之刃》當中所隱藏的訊息。

本書內容包含了故事結局等劇情相關的內容，因此建議讀完《鬼滅之刃》的漫畫後再來閱讀本書。若是能夠協助大家從日本史的觀點來閱讀《鬼滅之刃》，就是我至高的榮幸。

推薦序

鬼滅的暗號，民俗學的寶庫

蔡亦竹

《鬼滅之刃》是部成功的漫畫作品，許多人因為它開始對日本的大正歷史有興趣，也常看到因為鬼滅而延伸出來的歷史、甚至藝術文化的科普文章，但大部分讀者卻未注意到這部作品的骨幹其實建立於日本另一門重要的人文科學，也就是「民俗學」。

雖然舞台設定於大正時代，但細心的讀者就會發現其實鬼滅和正史的相關程度，甚至遠低於另一部最近要上真人版的著名動漫《神劍闖江湖》。真正讓鬼滅觸動日本人心弦的，是作品裡富含了由柳田國男創立、以追求日本民族原點為目標的民俗學知識。明治政府農政官僚柳田國男在遍歷全國農漁山村之後整理出日本的各地風土民情，想要找出不受中國朝鮮影響、不存在於文獻紀錄而只活在民眾生活裡的「日本人原點」，並試圖找出日本民族的起源。在這個學術體系裡，也形成了以定住農耕民為主體的「常民」概念。

但是常民的概念也受到許多質疑。因為「常民」其實排除了山民、漂泊民和藝能者等非定住生業族群，並且無視了許多日本村落裡像是開放的性風俗等等，當時覺得會「丟日本民族的臉」的真正日本特色。這些被排除在主流民俗學外的日本民俗，在宮本常一等民俗學者的整理下而得以流傳至今。順道一提，讓宮本常一等人得以從事研究的，就是日本資本主義之父，也就是NHK大河劇《直衝青天》的主角渋沢栄一的資助。作者畢業的筑波大學民俗學系，就是繼承了柳田國男的學術血統，而渋沢栄一、宮本常一等人的學統，則是由今天的神奈川大學傳承下來。但是這些事項其實都只存在於學術界和少數的鄉土史家間，真正讓這些日本民俗寶藏的重見天日的，反而是日本傲人的次文化資產「動漫」。《黃金神威》裡第九師團諸多的兵士，像是東北獵人「又鬼」或是妾腹子因為母親藝伎出身而遭受到的不平等待遇等種種陰暗過去，其實都取材於這些日本的黑暗民俗史。

而把這些題材發揮到淋漓盡致的就是《鬼滅之刃》了。

鬼滅的故事之所以會如此精采，就是因為舞台設定的大正時代其實還存留著許多上述的民俗黑暗面。這些歧視在當時還殘存於社會。不管是鬼殺隊員或是反派的鬼們，其實都是被主流社會排除在外的邊緣人。遊廓篇裡的妓夫太郎兄妹悲慘遭遇不必多提，但大家可能沒有注意到，主角炭治郎要不是因為住在山上的話，是不是就不會遇到滅門的慘事了？炭治郎家既然是以製炭維生，那麼住在山上好像理所當然了。可是如果考慮到炭治郎得常常下山到村落作生意的話，那麼住在村落裡，工作時再到山上工房也可以不是嗎？而且這樣就可以避開全家遭鬼毒手的危險不是？

問題是炭治郎一家這樣的人是不能住在村落裡的。

正如民俗學也忽略掉的山民生態一樣，製炭本身就是砍伐山中的林木為原料，也因此視山上來的水源為生命泉源的山下農耕部落來說，雖然炭是生活不可或缺之物，但這些製造木炭的山民們，卻因為這個原因而成為農耕部落的歧視對象。而鬼殺隊的必殺技「神樂」雖然原型是奉納給神明的藝能，但專門從事藝能的族群卻因為在古代被視為是沒有實際生產性的職業，而被迫得住在過去常泛濫而被視為危險地帶的河川岸邊附近，一直到近代都還有人稱演藝人員為「河原乞食」。整部鬼滅的角色設定裏其實充滿了這些日本過去的黑暗面，也正是這些元素才讓這部作品更加生動立體，除了華麗的打鬥招式之外還內藏了豐富的人文背景。

看動漫是件輕鬆的事。但是如果能從動漫學習到更多的知識，更是人生一大樂事。其實除了上述元素之外，鬼滅裡還深藏了更多從過去到現在的文史知識。《鬼滅的暗號》這本書裡就說明了從歷史到神話、從部落歧視到文樣美術的許多原作者等讀者去慢慢發掘的實在元素。看了這本書，你會發現鬼滅除了熱血、親情和友情之外，它還是一部民俗學、歷史學、神話學的入門聖典。

（本文作者為筑波大學博士、實踐大學應日系助理教授，專攻民俗學）

目錄

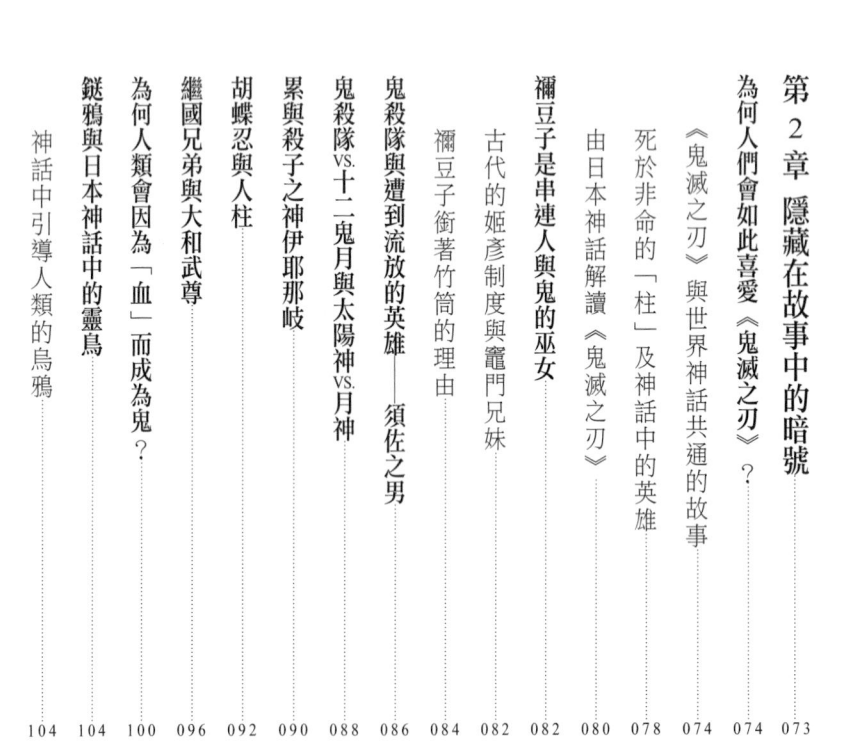

第1章

隱藏在角色身上的暗號

《鬼滅之刃》是描繪少數族群的故事

角色們是「生活艱辛」的象徵

選擇「生活艱辛」一途的鬼殺隊與「放棄生存」的鬼

自二〇一六年開始連載的《鬼滅之刃》現在已經成為舉國皆知的作品。為何大家會如此熱中於「打鬼」的故事呢？想來是因為作品當中有眾多與現代社會共通的問題，因此讓許多人有了共鳴吧。

人們會對於《鬼滅之刃》有所共鳴，是否正是因為「生活艱辛」呢？責任並不一定在當事者身上，很可能是因為他的出身、或者由於鬼的襲擊而失去家人，結果使他們不為社會所接受，為了消滅造成這種狀況的元凶——也就是鬼，而與鬼族作戰，同時也為了獲得自己的立足之地而進入鬼殺隊。

在第一八一話當中，鬼王．鬼舞辻無慘對主角竈門炭治郎說的話非常具有代表性。無慘表示：「你應該認為他們被我殺掉，就跟遇到天災沒什麼兩樣。」「何必一直拘泥於那種事情，每天賺錢過活不是很好嗎？」「幾乎所有人類都是這樣的。」無慘還唾棄這些不斷前來挑戰的鬼殺隊，不過是「異常之人的集團」。對此，炭治郎則感到絕望而憤怒並表示：「你是不應該存在的生物。」原先炭治郎總會對鬼展現出憐憫及同情，而他在這個場景當中首次出現強烈的憎恨。

當人類遭逢巨大的不幸之時，大多數人可能會耗費長久的時間才能接受，但總是能夠再次向前邁進、繼續過自己的人生。也就是選擇了「現在」以及「未來」，而非停留在過去，但是《鬼滅之刃》當中的角色並非如此。構成故事是那些即使面對巨大不幸，也無法放棄自己的堅持、為了抵抗現實而進入鬼殺隊的人類；以及因為過度絕望而「放棄生存」、成為鬼的人。

被時代拋棄的少數族群集團

由前武士及遭歧視者構成的鬼殺隊

《鬼滅之刃》當中最引人深思的，就是出場的角色大多由社會上的少數族群構成。江戶時代，原先非常曖昧不明的職業類別開始有了明確區分，也就是「士農工商」的身分制度誕生了。人口比例上（江戶時代末期）大約是武士七％、農民約八五％、町人（市民）則為五％。在士農工商架構外的特權階級，也就是朝廷相關人員及聖職人員的神、僧侶等約有一・五％；剩下的「其他」一・五％就是遭歧視者、沒有戶籍的人以及犯罪者等。在《鬼滅之刃》當中出現的鬼殺隊成員以及鬼族們，幾乎都是前武士、或者是隸屬於這「其他」階層的一・五％之人。

而這些前武士及「其他」的人最難以生存的時代，正是明治及大正時期。明治時代開始後，政府宣布取消原先的身分制度，表示四民應平等。此四民平等政策的內容是要消除特權階級（實際上還殘留一部分），在制度上應該已經沒有會被歧視之人，但也產生了一些負面效果。職業選擇變得較為自由，不過農民和市民大多會繼續從事原先的職業，因此沒有太大變化。但是武士以及遭歧視者的生活則是一夜驟變。武士仍然保留其「士族」稱謂，卻失去了真正的工作。但因為還留有一部分財產，加上他們屬於知識階級，因此總還有辦法謀生，但士族大多沒有做生意的經驗，因此也有家族就此沒落。

對於被歧視者來說，四民平等則對他們的經濟造成了打擊。雖然制度上不存在階級，但歧視還留在人心當中。同時由於職業可以自由選擇，因此會有新人去做那些原先只有被歧視者才會做的工作。這樣一來，沒有儲蓄也不曾受過教育的被歧視者，就只能落入貧民階級。另外，江戶時代原先具備救濟盲人的特權制度，但明治時代以後由於富國強兵政策而遭到廢止，因此身障人士以及孤兒的生活就更加困苦。

《鬼滅之刃》的故事最一開始，就處在一個貧富差距迅速擴大的時代。大正三年（一九一四）爆發的第一次世界大戰，日本也參戰了。由於戰爭帶來的景氣起飛，自來水、瓦斯及鐵路網絡迅速普及。另一方面，對於《鬼滅之刃》當中的少數族群來說，這可說是一個非常難以生活的時代。

鬼殺隊與鬼的戰鬥是底層人之間的戰鬥

記錄在正史上的鬼族犯罪

《鬼滅之刃》當中出現的鬼和鬼殺隊一樣，都是一些社會上的弱者、少數族群。其中大多數是犯罪者。其實「鬼＝犯罪者」這個概念自古以來就有。八世紀的《日本書紀》和十世紀的《日本三代實錄》等，這些由當代政權所撰寫的官方歷史書（正史）當中，都記錄了確實有鬼的存在，而這些被正史記錄下來的鬼究竟是何人呢？

舉例來說，九世紀的《日本靈異記》當中有個故事，是說美貌的女性萬之子被佯裝為身分高貴的男子給吃了；十世紀的正史《日本三代實錄》當中，則有女性被美貌的男性呼喚之後，遭到對方啃食的紀錄。現在看來，應該就是以女性為目標的獵奇殺人事件吧。另外在《御伽草子》及《大江山繪卷》當中也記載，十世紀時被認為是鬼之首領的酒呑童子以京都附近的大江山為根據地，會誘拐女性、燒殺擄掠等。所謂的鬼，其實就是外來的犯罪者。

在《鬼滅之刃》當中，也出現了上弦之貳．童磨以及「沼鬼」等喜愛吃女性的鬼。另外還有說謊成性、又不斷竊盜殺人的半天狗等，有許多鬼在過去都有犯罪經歷，「犯罪者＝鬼」是日本歷史當中一貫的概念。

維持治安的非官方組織確實存在

日本歷史當中也存在著像是《鬼滅之刃》中的鬼殺隊那種，雖為非官方組織卻負責取締這些鬼（犯罪者）的人，也就是在時代劇當中大家非常熟悉的岡引。岡引並未持刀，而是以十手（一種帶勾的短棍）作為武器，大家便能明白他們並不屬於武士階級。江戶時代的警察，是隸屬於町奉行所的「與力」及其部下「同心」所構成的官方組織。但是隨著人口增加、江戶也越來越都市化，光靠武士實在難以維持治安。因此官方開始雇用非公認的岡引，協助執行警察工作的末端業務。

在《鬼滅之刃》第四話當中解說鬼殺隊的段落，提到他們是「並未獲得政府正式承認的組織」。鬼殺隊不是政府公認的組織，因此在第五十四話大量人口失蹤的事件當中，有個場景是車站站員看見搭上無限列車的竈門炭治郎身上帶刀，隨即大喊著「快叫警察！」鬼殺隊明明是打跑鬼這種絕對邪惡存在的人，但在社會上卻活在陰影當中。

在時代劇中，雖然不太會看到岡引遭到他人輕視的場景，但其實岡引本身就是歧視用詞，在江戶城鎮當中正式稱呼應該叫做御用聞（御用聞原義為問事者，引申為捕吏）；在關東地區稱為目明；關西圈則稱為手先或者口問。所謂「岡」是指「與當事者無關卻相鄰之人」；而「引」則表示以繩子捆綁犯人、加以拘捕的意思。岡引的起源可以回溯到十一世紀左右。負責維持京都治安的檢非違史之下，有被稱為「放免」的前科者，他們負責搜查犯罪行為、調查偵訊（拷問）、看守監牢等工作。

以黑制黑的日本歷史

犯罪搜查的時候，最不可或缺的就是精通該組織內情之人的協助。近世以前的科學技術並不像現在這樣發達，各種事情都需要鄰居的幫忙。除了屬於農耕生活而需要大量勞動力的村莊之外，就算是在都市當中，每間長屋共享上下

本朝振袖之始素盞烏尊妖怪降伏之圖

在天上世界背負許多罪惡之事的須佐之男，他被流放到地上的世界，卻在地上成為打倒許多怪物及妖怪的英雄。

水道、稅務也是一起徵收，為了要好好過活，勢必要隸屬於某個共同體。即使是犯罪者也無一例外。這類脫離社會的人，必須共同打造一個新的網絡。

為了不讓外人得知該村的內情，因此只有同屬於該共同體的人才了解。政府會雇用岡引和放免，不光是人手不足，也是因為搜查時，需要由那些與反社會組織比較親近、與社會脫節輕微的犯罪者、逃亡者等，這些較親近黑暗面共同體的人提供協助，鬼殺隊與鬼的作戰可說是相同的結構。

由竈門炭治郎看製炭之人

居住在山中之人為了賣炭而來到鎮上

《鬼滅之刃》的主角竈門炭治郎在加入鬼殺隊以前，是以製炭維生養活一家人的（第一話）。從每個角色的名字，就可以大致上了解他的性格與特徵，而炭治郎這個名字顯然就是「治理（製作）木炭的男人」。

自古以來就有生產木炭這個製炭工作。目前推測人類在新石器時代（大約一萬年前）就已經開始使用木炭，到了奈良時代時為了建造大佛，也使用了許多木炭。一直到近世以後才開始大量使用於日常生活當中，但當時的木炭價格還非常高昂，因此僅限於江戶城內、武士宅邸、有錢市民家中、料亭、以及遊廓等處。到了近代時，木炭已經滲透到一般平民的生活、是大家非常熟悉的東西。雖然在能源革命以後，木炭已經不再那樣活躍，不過近年來也經常被用在烹調或者露營方面。

現代人雖然不太能夠馬上理解製炭這種工作，但在炭治郎生活的大正時代，居住在山裡的人將燒好的炭拿到鎮上販賣，可是冬天必定會出現的季節景色。這點同時也反映在漫畫的描寫當中，炭治郎去賣炭的時候，正是下雪的季節。另外，只要看看竈門家的家境就可以明白，製炭這個工作實在不是什麼能賺大錢的好生意。

為了製造武器也會使用大量木炭

在昭和三十年代（一九五五），木炭會使用在暖氣、炊事等用途，出現在日常生活各種場景裡，但其實木炭原先是製造武器非常重要的材料。

日本自古代到近現代，有一種稱為「吹踏韝製鐵」的製鐵方式，會使用到大量的木炭。在《鐵山秘書》這本書當中記載著：「一為粉鐵（鐵砂）、二為木山（木炭）、三為元釜土。」可以得知要打造出優質的鐵，木炭是不可或缺的。

由竈門家看藝能團體・傀儡師

繼承山中技藝的竈門家之特殊性

在《鬼滅之刃》當中，曾經描繪主角竈門炭治郎的老家代代相傳一個名為「火神神樂」的消災祛厄神樂（第四十話）。雖然為了祈禱一整年無病消災，要從日落後一直跳舞跳到深夜，但附近的人卻不會來觀看這個神事，而是由竈門家當家之人獨自不斷重覆跳著該舞蹈。

雖然沒有特別描寫出竈門家遭到孤立，但他們家位於遠離人煙的深山之中，想來也與附近的人並沒有什麼往來。遠離一般社會且繼承某種技藝的生活型態，與中世紀的藝能集團「傀儡師」有著共通之處。

傀儡師除了搭配歌曲操控人偶使其跳舞來進行表演以外，男性也會演出相撲、魔術、劍舞、丑角劇等；女性則會搭配劇情歌唱，一起在各地巡迴。基本上會在不同村落間往來，不曾融入世間、就此終老。話雖如此，當然也沒有完全斷絕與世間往來，為了要生活下去，還是會維持最低限度的交流。

脫離社會秩序而被視為異端的人們

進入鎌倉時代以後，有些人轉為隸屬於寺廟院落，因此集團變得分散或者定居於某處，原先的技藝也發展為猿樂（猿樂是表演藝術的一種，為能樂及狂言的源頭）或人偶劇等。另一方面，仍舊居無定所的傀儡師集團，則選擇成為旅行藝人或者巡迴藝人走遍全國。由於他們可以自由出入各國家，因此也有為政之人讓間諜打扮成傀儡師的樣子。或許也因為如此，不少人將傀儡師視為「脫離社會秩序之人」。他們會一些非常不可思議的魔術、極為詭異，因此人們會害怕他們，很可能認為他們是與「鬼」非常相似的存在。

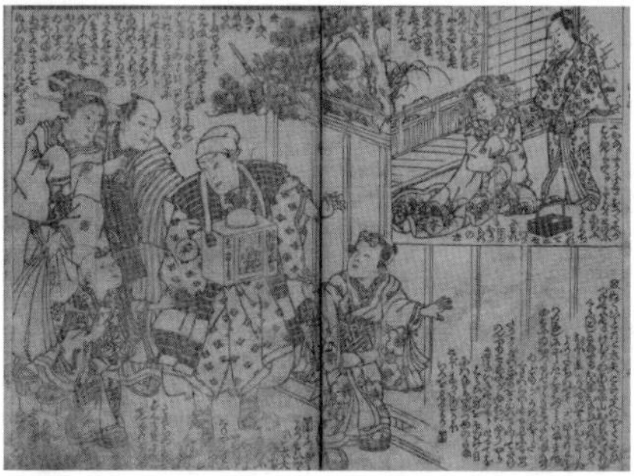

傀儡師

巡迴各地表演藝術的傀儡師，他們具備一般人沒有的特殊技能，如劍舞、丑角劇。

由我妻善逸、嘴平伊之助看棄子

拋棄幼童也沒什麼罪惡感的時代

與竈門炭治郎同期的劍士我妻善逸及嘴平伊之助，兩人的過去都是「棄兒」。善逸是由師父桑島慈悟郎將他養育成為可獨當一面的鬼殺隊劍士（第一六三話）。另一方面，伊之助則是自幼就受到野豬的照顧，因此成為一個好戰的野性分子（第十集番外篇）。

像伊之助這樣被野生動物養育成人的棄兒，其實是非常少見的。舉例來說，曾經有個三歲到八歲都與狗生活在一起的少女，她幾乎不會說人類的語言。但是伊之助卻因為有段時間受到一位老人及他的孫子孝治的照顧，因此遣詞用字上還頗為豐富。

現在我們覺得丟棄嬰兒是非常不道德的，但在近世以前，這並非什麼稀奇的事情。平安時代的《日本靈異記》當中，也記載了有位母親將心思都花在男人身上、把自己的孩子丟在一邊不餵奶，而讓孩子餓著的故事。從前幼兒的死亡率比現在高非常多，因此幼兒的人權相對受到輕視，當時的人很可能因此也對於拋棄孩子這件事情比較沒有排斥感。

另一方面，把別人拋棄的孩子撿來當自己孩子養的人倒也不少。還有個習俗叫做「棄兒好養」，也就是在父母親犯太歲那年出生的孩子、或者身體虛弱的孩子等，要在形式上拋棄他們一次，然後馬上撿回來，這樣他們就能成為健康強壯的孩子。

在明治時期大約每年會有超過五千名棄兒，時代進入大正、昭和以後逐漸減少，到了昭和五十年（一九七五）前後，已經減少到約兩百到三百人左右。另一方面，也有人設立了孤兒院（兒童養育設施）來養育那些無依無靠的孩子們，在鬼殺隊當中的一位「柱」——悲鳴嶼行冥過去就曾經在寺廟當中養育那些無依無靠的孩子們（第一三五話）。

善逸以及伊之助過去都曾經是被父母拋棄的「棄兒」，但他們不對現況感到悲觀，反而拚了命地活下去，因此才能在鬼殺隊當中逐步成長，最終成為獨當一面的劍士。

由煉獄杏壽郎看前武士

面對煉獄杏壽郎的前武士之鬼

在《鬼滅之刃外傳》的〈煉獄杏壽郎外傳〉當中描繪出煉獄杏壽郎成為炎柱的故事。在這篇作品當中出現的下弦之貳．佩狼過去曾經是個高傲的武士。但是他屈服於近代武器槍砲之下，原先武士的生存方式完全遭到了否定，因此成為一個使用槍砲彈藥的鬼。他雖然與杏壽郎對戰卻慘敗，最後仍然提起了刀。曾經為了獲得力量而依賴近代兵器的鬼，取回了自己身為武士的矜持，那提刀戰鬥的樣貌也使本作獲得更高評價且受人喜愛。

自大政奉還起，到大正時代已經過了大約半世紀，這個時代的民主風潮高漲，但同時那些曾熟悉武士社會的人卻逐漸凋零。曾經活躍於幕末京都的新選組幹部永倉新八與齋藤一等人也已辭世，武士的時代可說已成過往。

被明治維新剝奪的武士驕傲

鎌倉至江戶時代，公權力都被掌握在武家當中。因此他們對於自己的身分相當自豪，當時也確立了武士道的倫理道德觀，認為「文武鍛鍊不可或缺、以自己的性命為擔保去貫徹責任」乃是理所當然。

武士們自豪的象徵，也可以說是靈魂一般的東西，就是掛在腰上的刀。法規允許武士將打刀與脇差（打刀為步兵使用的武器，脇差為中等長度的日本刀）掛在腰上，如果認為有人過於無禮、是自己無法接受的程度就可以斬殺對方，這是賦予他們「切捨御免」（殺人免責權）。但是明治維新後社會結構為之一變，武士們也遭到波及。明治二年（一八六九），大多有武士身分的人都被改稱為「士族」。在江戶時代以前，每個藩都會支付俸祿給武士們，但是由於版籍奉還（意指各地藩主將領土還給天皇），因此他們的薪水便由明治政府支付。但是執行沒有多久之後，政府就陷入財源窘迫的境地，要支出武士們的薪水對財政來說壓力過大。因此明治九年（一八七六）便廢止了支付薪水的制度，導致士族的收入驟減。為了要維生，士族們開始務農或者經商，但有許多人由於並不熟悉商場而失敗，還被一般市民嘲笑那是「士族商業」。

原先武士應該是背負作戰義務，因此才會領取主君支付的俸祿，還被賦予帶刀等特權。但是和平的社會當中不再需要戰鬥人員，因此成為貴族的武士也有許多人愈發墮落。在原先封建制度的時代也許沒什麼關係，但是到了近代社會，他們的特權意識就對社會造成了非常大的阻礙。

明治六年（一八七三）開始執行全新的徵兵令當中明定「國民皆兵」，要求士族以外的人也必須成為兵員。如此一來，「武士能夠領取俸祿，是由於有參加作戰的義務」這個大前提遭到摧毀，他們的存在意義更加受到動搖。

遭到新時代遺棄的士族們

而對於士族們的自尊心傷害最大的，就是明治九年（一八七六）三月時發布的廢刀令（帶刀禁止令）。由於這條法令禁止軍人以及警察以外的人帶刀（但是可以持有），因此對於士族們來說這個行為根本是「否定他們的存在」，實在過於屈辱。各地士族爆發對於明治政府的不滿，發生各種反叛事件。明治十年（一八七七）辭官回鄉到鹿兒島的西鄉隆盛與士族們一同起兵，結果引發了日本國內最後一次內戰，也就是西南戰爭。

西鄉軍集結了對於明治政府做法感到不滿的士族們，而他們的敵方明治政府軍則大多是徵兵令召集來的士兵。但是，在此役當中善用近代兵器的政府軍隊較占優勢，證明了農民出身的士兵也能夠作戰。

與杏壽郎作戰的佩狼會化身為鬼，也許正是因為對於武士時代結束感到絕望吧。也有人以身為武士為傲，而成為軍人、警察或教師。也有人活用武士時代的知識以及人脈，而在業界當中非常活躍，於酪農業獲得極大成功的案例。

士族商業

進入明治時代以後，武士無以維生。士族當中有許多人開始經商，但也不少家族就此沒落。

由時透無一郎看山民

山地是脫離社會之人的「避難處」

日本列島的地形具備高低起伏，國土中大約三分之二都是山地，而且大部分都有森林覆蓋，因此從前那些自社會秩序中脱節的遊民等人會居住在其中，各地都有敗戰的武士逃到深山，過著寧靜生活的各種「隱居傳説」。

由於山中幾乎沒有田地，因此居住在山中的人們賴以維生的職業是又鬼（職業為狩獵之人）或是木地師（加工製造碗盆等木工品之人）、杣人（砍柴木並運送之人）等。

鬼殺隊的「柱」之一時透無一郎的父親便是杣人，在山中進行砍樹木的工作。但他在無一郎十歲的時候意外跌落山崖死亡，而無一郎的母親也因病而逝，他只能和雙胞胎哥哥有一郎一起住在山裡。

在山中過活的「山窩」之謎

昭和中期以前，據說有一群人被稱為「山窩」，他們會在群山之間過著漂泊的生活。翻查《廣辭苑》字典，當中把「山窩」定義為「不定居在鄉里當中，而在山中或河岸等處以家族為單位，過著露宿的漂泊生活之人」。

「山窩」的正確人數並不明確，推測在明治時代全國大約有二十萬山窩，到了昭和二十年前後則約有一萬人左右。但是，他們大多數沒有戶籍，並且又會一直移動，因此無法確認他們實際上的生活狀況。據說「山窩」會在一般人不容易見到的地方設置臨時小屋、或者在河岸邊攤開帳篷紮營。

另一方面，他們也會製作篩子等以竹子為材料打造的產品，與農家交換穀物。但據說他們無法理解所謂的私有權，因此會侵入村子當中竊取物品。順帶一提，「山窩」的起源也是眾說紛紜，一說是被大和王權放逐之人的後裔，也有可能是來自中世紀的遊藝之民或者職業集團。

在《鬼滅之刃》當中出現的鍛刀村為了不被鬼舞辻無慘發現，受到了嚴密的藏匿，表現出山民隱居的樣貌。

由富岡義勇看犯罪被害者遺族

富岡義勇的姊姊蔦子遭鬼殺害

主角竈門炭治郎也有相似的遭遇，立志成為鬼殺隊成員的人有許多都是親人遭到鬼殺害。水柱・富岡義勇也是遭逢失去親人的悲劇（第一三一話），他的姊姊蔦子在婚禮前一天遭到鬼的攻擊。義勇由於受到姊姊保護而活了下來，對此他感到非常懊悔，因此在同門好友錆兔的勸說下，決心走上成為鬼殺隊隊員的道路。

鬼做出的行為很顯然就是殺人，是一種犯罪。原本應該要交由警察去制裁他們的罪行，但這個道理無法用在鬼的身上，因此他才進入以撲滅鬼為目的組成的政府非公認組織鬼殺隊，想要藉由打倒鬼來為自己的親人報仇。炭治郎也是被義勇帶進鬼殺隊的，因為他深切明白炭治郎親人遭到殺害的心情，因此才想將炭治郎介紹給鱗瀧左近次。

在電影、小說或者連續劇當中，犯人的犯罪動機經常都是復仇。但實際上像炭治郎和義勇這種「被害者遺族」成功復仇的案例，可說是少之又少。通常是由於殺人的加害者遭到逮捕而收監，或者是已經逃到連警察都抓不到的地方。日本在近代以前，許可報仇或者報復，但是刑罰及裁判制度完備之後，就禁止私人報仇行為了。對於犯罪者的報復，會有國家以「刑罰」的形式來取代。這是為了避免認錯對象而傷害了無辜第三者，以及防止報復的連鎖行為。

正面否定鬼殺隊報復行為的鬼舞辻無慘

炭治郎為了打倒家族仇人鬼舞辻無慘，拚死學得「全集中呼吸」，以他超乎常人的忍耐力及覺悟與鬼對峙。義勇也壓抑自己內心「受到錆兔幫助才成為隊員」的挫敗感而成長後，獲得了與「柱」之稱號相符的劍士實力。

而在《鬼滅之刃》高潮段落的無限城決戰當中，兩人合力打倒了上弦之參・猗窩座，成為鬼殺隊當中最早來到無慘面前的人。但是無慘對炭治郎等人說的話，卻正面否定了他們的人格（第一八一話）：「要知道開口就提什麼父母之仇、孩子之仇、兄弟之仇的不過是些笨蛋。」「死掉的人又不會復活。為何要拘泥於那些事情？每天賺錢過著平靜生活不是很好嗎？」

這完全就是一個壞人會說的話。但在禁止私刑的現代觀點看來，無慘說的話並非毫無道理可言。話雖如此，畢竟那些人是由於無慘和其他鬼的欲望而被害死的，因此會讓人覺得這種話就是不能由他們說出口，這也是事實。

在明治、大正時代已成過往的切腹行為

到了近代雖然禁止私人復仇，但在日本的極刑仍然是死刑。江戶時代以前，針對武士有切腹、斬首的方式；非武士階級則有磔刑（將犯人綁在板子或柱子上以長槍等工具刺死）或者鋸刑。

進入明治時代以後，有一段時間仍然執行江戶時代的刑罰，但在整備法律的同時也重新審視刑罰的方式，因此斬首之刑便於明治十三年（一八八〇）廢除。之後死刑的執行方法大多使用絞首，但針對軍人則以槍殺來執行死刑。

進入明治時代以後，武士文化之一的切腹，也從死刑執行方法的清單上遭到剔除。但是切腹的行為並未完全消失，一部分將校軍官還是用來作為自殺的手段。在明治天皇駕崩以後，軍人乃木希典為了殉死而切腹，人們都認為這是武士道的行為而加以讚揚。

另一方面，芥川龍之介等新世代的年輕人，則批判乃木的死乃是「上一個世代的行為」。在《鬼滅之刃》當中，自第一線退下的鱗瀧左近次在禰豆子襲擊人類的時候，就曾經與炭治郎及義勇寫信表示「願切腹謝罪」為禰豆子求情，但年輕的不死川實彌則不屑的表示「切腹又怎樣」（第四十六話）。對於明治以後出生的人來說，「切腹謝罪」的文化想來也早已經是過去的事物了吧。

由胡蝶忍看復仇行為

胡蝶忍對於復仇的執著

由於自己的親人被鬼殺害而立志進入鬼殺隊的，並非只有竈門炭治郎與富岡義勇。蟲柱．胡蝶忍的父母與姊姊加奈惠也是遭鬼殺害。在無限城篇當中她雖然在與殺姊仇人上弦之貳．童磨之戰當中殞命，卻讓對方吸收自己已經充滿毒性的身體，最終送童磨上了黃泉路（第一六二話）。

復仇的故事從以前就非常受歡迎，在歌舞伎以及能樂當中都是非常熱門的題材。復仇是在中世紀武士抬頭以後的一種習慣性行為，到了江戶時代仍有赤穗浪士攻入吉良宅邸報仇等事件，顯示當時還經常有復仇行為。明治六年（一八七三）時政府宣布禁止復仇，但這樣的行為還是非常熱門。

像忍這樣女性的復仇故事，最有名的是江戶時代發生的「宮城野．信夫姊妹復仇記」。地點位於現在的宮城縣白石市，當時有個名叫與太郎的農夫，他和兩個女兒——宮城野及信夫（信夫在日文中的發音為 SHINOBU，與「忍」

相同）姊妹一起在田裡割草。但卻不小心將泥巴揮到了剛好路過的白石城主的劍術師父志賀團七身上。與太郎雖然下跪謝罪，卻仍然遭到斬殺。姊妹為了幫父親報仇而開始鍛鍊武藝，最後成功打倒團七。報仇之後姊妹為了贖罪而打算自殺，卻被周遭的人阻止了，後來遁入空門過著寧靜的餘生。

沒有證據顯示這個故事就是忍報仇的原型，不過「父母遭到殺害」「姊妹」等要素有共通之處，值得玩味。明治十三年（一八八〇）還發生了秋月藩家老之子臼井六郎為父母報仇的事件，但是大眾都非常同情六郎。雖然武士的時代已經走入尾聲，但復仇這種武士個性，仍然受到大眾支持。

皇國二十四功「傾城宮城野　妹信夫」
父親遭到殺害的宮城野與信夫磨練武藝成功復仇。

由伊黑小芭內看特殊兒童

為了奉獻給鬼而被幽禁的伊黑小芭內

蛇柱伊黑小芭內原先是「獻給鬼的祭品」，到十二歲為止都被關在監牢當中（第一八八話）。小芭內一族是仰賴蛇鬼殺人奪取來的財物過活的，因此小芭內非常輕視這個「骯髒血族」。

像小芭內一族這樣幽禁孩子的行為，絕非虛構。從前也有家族會在自家宅邸、玄關附近或者院落的角落設置牢房，然後將精神病患者關在裡面。當時的醫學並不像現代大有進展，精神有問題的孩子被認為超出當時「人類的概念」，因此與現在相比，這些孩子是嚴重遭到歧視的。

在明治到昭和中期左右由於精神病院的病房不足，因此政府許可大家讓精神病患居住在自家附近等處，也就是認可「私宅監置」。這是行政單位許可的制度，而監護人以及配偶有保護患者的義務。雖然事出無奈，但是政府認可私人監禁之事，在近代國家當中仍然屬於非常特殊的制度。昭和二十五年

（一九五〇）施行〈精神衛生法〉之後就禁止私宅監置，但是沖繩由於在美軍統治之下，因此這種行為一直持續到昭和四十七年（一九七二）回歸日本才停止。私宅監置對於有保護義務的人來說，會造成金錢以及身心非常大的負擔，有不少人因此破產。

目前已不太使用的稱呼：「特殊兒童」

《鬼滅之刃》故事發生的大正時代，針對精神障礙等「特殊兒童」提供教育機會、保護措施相關的社會福利也大幅提高。

日本最初的盲聾教育是明治十一年（一八七八）設置的京都盲啞院，到了大正時代已經區分為盲學校以及聾啞學校（之後的聾學校），現在則把稱呼統一為「特別支援學校」。

對於這些由於身心障礙而需要特殊教育的兒童，從前是稱呼他們為「特殊兒童」，但現在已經不這麼說了。針對他們所進行的教育方式，也從「特殊教育」修改為「特別支援教育」。

由宇髓天元看忍者

在吉原遊廓收集情報的宇髓天元

音柱・宇髓天元出身忍（忍者）之家，在吉原遊廓篇當中，與竈門炭治郎等人共同與上弦之陸・妓夫太郎及墮姬兄妹對戰。

「忍者」這個稱呼是戰後的稱呼，先前一般都稱呼他們為「忍」。另外也被稱為「透破」「隱密」「軒猿」等。史料當中能夠確認忍在南北朝時代的確存在，到了戰國時代，忍的重要性也逐日增加。他們會在主君的命令下執行放火、破壞、夜襲、埋伏等任務，最重要的則是收集敵方的情報。在《鬼滅之刃》吉原遊廓篇當中，也描繪了天元派「女忍」出身的三位「妻子」進行潛伏搜查，獲得各式各樣的情報（第七十一話）。

但收集敵方情報是可能危及性命的任務，若是半路被殺，很可能會造成己方機密情報洩漏給對方。因此他們非常重視必須活著回來這件事情。在《鬼滅之刃》第七十五話當中也出現了天元發現危險之後，催促炭治郎等人歸隊的場景。炭治郎等人並不服氣，但天元開示他們：「這沒什麼好丟臉的，活著才能算勝利。」

江戶時代以後活躍之處減少

在戰國時代受到大名家提拔的忍，進入和平的江戶時代以後，能夠活躍的場所也減少了。在與上弦之陸．妓夫太郎及墮姬兄妹戰鬥時，天元對於自己出身忍者家系非常自豪，但墮姬卻放話表示「忍者早在江戶時代就絕跡了吧」（第八十七話）。話雖如此，忍並不是完全滅絕，那些幕府及大名家雇用的忍還是會做一些收集情報、維護治安及管理空房的工作。

到了明治、大正時代，忍確實已經成為歷史，因此天元的父親焦急擔心一族會就此衰退，才嚴厲鍛鍊孩子們。結果九個孩子接二連三死去，最後只剩下天元及他的弟弟這兩人（第八十七話）。另外，就算忍這種人消失了，他們原先的工作還是需要有人做。舉例來說，軍隊就設立了特務機關（指大日本帝國陸軍成立的陸軍中野學校）來執行收集情報以及謀略的工作。

由悲鳴嶼行冥看盲人

以提高盲人地位為目標的「當道座」

《鬼滅之刃》當中有不少像是岩柱的悲鳴嶼行冥這類眼盲的角色。悲鳴嶼具備身為「柱」的實力，但他在入隊以前卻是在照顧無依無靠的孩子們，是個非常有人情味的角色。相對於此，上弦之肆・半天狗假裝自己是盲人，仰賴別人對他的善意，卻不斷做些強盜殺人之事，是個非常卑劣的人物（第一二六話）。

近代以前的日本並沒有像現在這樣完善的社會保險制度，不過有個男性盲人的職業工會「當道座」，是自治的互助組織。這是在室町時代由琵琶法師明石覺一設立的組織，到了江戶時代，這個工會以按摩、針灸、音樂（琴或三味線等）領域的工作人員為主。

當道座的目的是提升盲人地位、使他們工作穩定，因此不會有世襲的問題。如果在工作上的業績受到認可，系統當中的盲官位（盲人的官職）也會隨之提升。另外，這個單位並不僅僅單純保護盲人的利益，同時也負責培育年輕盲人。

在明治時代廢止的盲人特權制度

憑靠職業的業績就能獲得升遷的盲人社會，在現代社會來說就是成果主義的架構。不過，升官需要長久的時間，因此政府認可使用金錢來買賣盲官位。盲官位合計有七十三個職等，要從地位最低的職位升到最高的「檢校」，據說需要總額七百兩以上。

從中世到近世的盲人們，大多透過當道座而能在制度上獲得優待。因此確實可能會有人像上弦之肆．半天狗這樣，假裝是盲人來獲得保護政策的恩惠。進入明治以後，針對盲人的優渥措施制度經過修改，到了明治四年（一八七一）的太政官布告第五六八號〈盲人官職今即廢止令〉頒布以後，盲人的官職也遭到廢除。由於失去了特權，盲人們的社會地位逐漸低落，《鬼滅之刃》舞台背景的大正時代當中，雖然也有人提出應該要提升盲人的教育及福利等，但這時期對於身障之人來說還是非常嚴苛的時代。

由不死川兄弟看孤兒

仰賴民間的明治大正時代孤兒救濟事業

鬼殺隊的「柱」都背負著悲傷的過去，當中風柱・不死川實彌則是與化身為鬼的母親戰鬥，親手殺死母親（第一一五話）。雖然他是為了要救家族當中唯一存活的玄彌，卻也被玄彌指責是「殺人兇手」。而那對妻子施暴的父親也已經去世，因此實彌和玄彌變成了孤兒。

明治末期到大正時代的社會雖然快速近代化，但由於景氣快速變動、大家競爭著要出人頭地，因此這個時代也開始出現了資本主義的負面影響。結果擴大了社會不安，母親帶著孩子自殺或虐待兒童、無餐兒童、人口販賣、少年犯罪等社會問題益趨嚴重。

政府雖然也開始努力執行兒童保護事業，但保護兒童及孕婦最大的目標是培育富國強兵的人才，因此雖然設立了許多救濟貧困家庭的公營托兒所，卻沒怎麼建設公營的育兒設施（孤兒院、育幼院）。即使如此，還是有很多民間

（私人）的育兒設施，因此在大正時代的孤兒救濟事業大多仰賴民間的善意。

自願加入鬼殺隊之人多半是孤兒

近代以前就已經有養育無依無靠孩子們的設施，一開始叫做「孤兒院」，是由後來被稱為「兒童福祉之父」的石井十次在明治二十年（一八八七）所設立的岡山孤兒院。為了讓孤兒們將來可以獨立生活，院內會訓練他們學習印刷或者織布等職業技能，也組成音樂隊舉辦公演來籌募義款。但是岡山孤兒院在十次於大正三年（一九一四）過世以後，便陷入資金不足的窘境，因此在大正十五年（一九二六）便解散了。

包含岡山孤兒院在內，明治大正時代的民間孤兒院，大多是由基督教團體所設立的。佛教團體也會在寺廟內設置孤兒院來救濟孤兒。

自願加入鬼殺隊的人，幾乎都是年紀輕輕的少年少女。可以推測這是由於他們大多是家人遭到鬼殺害的孤兒，抱持著相當大的覺悟、以加入鬼殺隊為人生目標。

由栗花落加奈央看人口販賣

日本人被當成奴隸賣掉的戰國時代

鬼殺隊的女劍士栗花落加奈央在故事到中段為止，都不太顯露出自己的感情，是個「失去心靈的少女」。她會變成這個樣子，是由於幼年時期就遭受父母嚴重的虐待（第一六三話），最後甚至還被賣掉了。但帶走她的是胡蝶加奈惠與忍這兩姊妹，她們將加奈央視如己出養育長大（第七集番外篇）。

人口販賣在日本可說是歷史悠久，最古老的正史《日本書紀》當中就有購買人口的相關紀錄。平安時代晚期以後，為了提供及取得勞動力，非常盛行人口買賣及綁架孩童，到戰國時代為止，這都還是日常生活中經常發生的事情。

當年葡萄牙商船抵達日本時，九州的大名為了向外國商人購買大砲，因此將日本人作為奴隸「出口」。也有傳聞說「是耶穌會主導奴隸貿易」，但其實葡萄牙曾經呼籲應該禁止日本人的奴隸買賣。

大量賣向工廠或者遊廓的女性們

進入江戶時代以後，人口買賣不再那樣興盛，但是貧窮的農民或者都市下層階級的女兒被賣去當遊女，卻是被當作例外而認可的行為。這件事情原先應該在明治五年（一八七二）就已經受到藝娼妓解放令的規範，但實際上法令的執行卻非常困難。那誇耀著江戶時代繁榮盛景的吉原遊廓也出現在《鬼滅之刃》的故事當中，而那兒正背負著由於父母親自己的問題，結果被賣進妓院的女性悲傷歷史。

進入明治以後，以「預付款」名義讓女性去當工廠女工、或者成為農漁村工作人員的人口買賣案例日漸增多。所謂預付款，就是人口買賣業者會將薪資預付給父母的款項，換算成現代貨幣價值大約是日幣一百到三百萬左右。當時的農村部落都是多胎化，一旦收成不好，一家人就很難過活。為了要脫離困苦的狀況，也只能把孩子賣掉了。

由甘露寺蜜璃看近代日本結婚觀

被相親對象拒絕成了蜜璃的轉機

戀柱・甘露寺蜜璃身為「柱」的成員之一，但她的過去卻與鬼沒有什麼直接關係。她會進入鬼殺隊，理由也是「為了能夠找到相伴的公子」（第一〇一話）。雖然看起來永遠輕輕鬆鬆沒什麼緊張感，但其實她的肌肉密度是常人的八倍以上（第一二三話）。她發揮了自己特殊的體質，在與上弦之肆・半天狗之戰當中非常活躍。

蜜璃對於結婚的想法，在她與半天狗的戰鬥中看到人生跑馬燈時最先浮現的是過去相親失敗之事這點，能夠強烈窺見端倪。那是蜜璃十七歲時，相親的對象告訴她：「會跟妳結婚的只有熊、豬還是牛吧。」讓她受了非常大的打擊（第一二三話）。

之後她也曾試著隱藏自己的特殊體質、想辦法結婚，但最後因為希望能夠幫助他人而決心加入鬼殺隊。入隊之後大家都能接受她原有的樣子。或許也因為如此，她對於鬼殺隊那種「絕對不能讓夥伴死掉」「因為鬼殺隊是我重要的安身立命之處」的情感比任何人都來得強烈（第一二三話）。

家庭制度法制化催生的「結婚觀」

大正時代的婚姻是結合兩個家庭的重要習俗。有錢人家的女兒（也就是大小姐）會學習茶道、花道、音樂等作為「新娘修行」，努力相親。大正時代對於「夫妻」及「家庭」的想法，是建立在明治三十一年（一八九八）年施行的明治民法「家制度」之上。由於成為法規制度，因此家中的主人（通常都是丈夫）以其戶主身分擁有絕對的權力，妻子在經濟方面的獨立及自由幾乎都遭到剝奪，才衍生出「丈夫出外工作；妻子持家育兒」這樣的角色分工。由於自我遭到否定，因此對於大多數的女性來說，結婚是「為了活下去而做的選擇」。要抹消這樣的想法，是很久以後的事情了。

由鱗瀧左近次看修驗者

蔺居山中的修行者宛如天狗

教導主角竈門炭治郎使用「水之呼吸」劍術的鱗瀧左近次，通常都戴著天狗面具。天狗是日本民間信仰當中傳承的傳說中生物，但也有人指出源頭是出自《古事記》以及《日本書紀》當中的神明猿田彥。猿田彥被描寫為身高約二一〇公分、而鼻子長有一二六公分，這樣的外貌描寫也是讓人認為祂就是天狗的原因之一。

在日本雖然也有許多山岳地區流傳各種天狗傳說，但仍傾向於將在山中修行獲得力量的人視作天狗。山嶽從以前就被認為是「神明居住的神聖之處」，也是人類畏懼的對象。比方像是屹立於奈良盆地東南邊的三輪山等，至今仍被當作是御神體（指神明的本體）來崇敬的山岳並不少。居於深山修行的山岳信仰被稱為「修驗道」，而執行這種修習的人被稱為「修驗者」或者「山伏」。

他們為了獲得常人不具備的超自然力量（驗力），因此進入有神明逗留的靈山，努力做著踩踏火焰、或在瀑布下淋浴等嚴苛的苦行。但是修行者結束修行離開深山以後，他們會因為耗盡心神而使樣貌與從前大為相異。人們看見他們的樣子，便誤以為「天狗從山上下來了」，一傳十、十傳百之後也許就衍生出所謂的「天狗傳説」。天狗的裝扮大多與山伏相同，正因為兩者有許多共通之處。

天狗出現在許多故事中，例如《平家物語》當中曾經提到天狗是「言人非人樣，言鳥非鳥樣，言犬非犬樣。手足為人、頭為犬、左右生羽可飛翔」。

猿田彥

猿田彥的特徵是有著紅色閃閃發光的長鼻子，因此被認為是天狗的起源。

遭到明治政府廢止的修驗道

修驗道結合了佛教與古老神道中的山岳信仰，是日本獨特的宗教，據說也受到密教及道教的影響，是神佛習合（指的是將神道教與佛教兩種宗教混合為一個新型態的宗教）的成果之一。慶長十八年（一六一三）時江戶幕府提出修驗道法度（山伏法度）的規範，因此修驗道正式隸屬於真言宗的當山派或者天台宗的本山派（真言宗及天台宗皆屬於大乘佛教的派系）。江戶時代的山伏住在城鎮或村子裡，人們會委託他們祈禱、或者請他們代替自己前往遠方的山區朝聖等，藉此獲得收入。

但是明治元年（一八六八）的神佛分離令當中明文禁止神佛習合的行為，要求明確區分出神道教與佛教的界線。另外，明治五年（一八七二）又下了修道驗廢止令，就連先前沒有選擇隸屬宗派的修驗者（山伏）也被迫選擇要歸屬真言或者天台宗、或成為神官、又或者回歸務農。

當時全國約有一萬名山伏。由於當時日本總人口約為三千萬人，因此計算得知男性約有一％都是山伏。這些人一起流離失所，想必頗為混亂。

廢止令公布以後，明治政府也接二連三禁止原先可供山伏獲得收入的行為。會這樣徹底執行法令，是因為江戶時代有一部分山伏不學無術也未修行，光是從別人身上榨取金錢過好日子。也就是政府想連根拔除評價糟糕的山伏這個職業。雖然當中應該也有認真修行的山伏，但那些墮落之人卻導致這無妄之災也撲向他們。

由於明治政府的壓制，表面上山伏的確是消失了，但仍有不少勤於宗教修行之人藺居山中。《鬼滅之刃》的鱗瀧左近次也是居於山中，訓練那些年輕的劍士們，也許是他在尋找適合修行之處之後，才落腳於深山吧。

新形三十六怪撰「小早川隆景彥山之天狗問答之圖」

出現在福岡縣的修驗道靈山——英彥山上的天狗，被描繪成修驗者而非妖怪的樣子。

由鋼鐵塚螢看冶鐵者

進入明治以後刀劍需求再次恢復

刀可說是武士之魂，由於廢刀令而使刀失去了存在意義，也因此有許多鍛刀的人放棄了自己的職業。但是進入明治中期卻開始獎勵警察鍛鍊劍術，同時由於國粹主義（認為應該守護日本文化及傳統的思考方式）抬頭、以及日俄戰爭當中有短兵相接而重新提出刀劍的價值，因此刀的需求再次提升。

在《鬼滅之刃》當中負責研磨竈門炭治郎手上日輪刀的鋼鐵塚螢，正是深知那刀劍需求高低不定時代的鍛刀者。他對於刀劍所灌注的感情比所有人都熱烈，就算是在戰鬥狀態中也會集中心神重新研磨刀劍（第一一七話）。

鋼鐵塚等鍛刀之人居住的鄉里是最重要的機密事項，他們是在受到上弦之肆・半天狗攻擊以後，才將據點移居到先前預備好事有萬一時能夠躲藏的「空里」（第一二八話）。

盡情採伐森林造成光禿的山頂

鍛刀之人在鄉里之間遷徙的光景，也與「產鐵民（製鐵民）」非常相似。產鐵民正如其名，指的是擁有打鐵技術之人。在日本，打鐵是使用一種被稱為「吹踏韛」的製鐵方式。

將原料鐵砂或者鐵礦、以及還原用的木炭放入黏土打造的爐內，同時送風進去、提高爐內溫度來製鐵。由於這樣需要大量的木炭，因此會將山地裡的樹木砍伐殆盡，於是進行吹踏韛製鐵的地區，山頂幾乎都變得光禿禿。結果造成該地容易發生洪水；同時製鐵廠還會排放清洗鐵砂用的水，也對下游的農田造成不良影響。

這對附近的居民來說實在太過困擾，因此製鐵民經常都被人投以異樣的目光。另外，產鐵的技師們很容易被火灼傷、也有許多人總是臉紅通通的，因此也有人會將他們視作天狗或者鬼。

順帶一提，《鬼滅之刃》當中出現的鍛刀者全都戴著面具，這並不是單純防止真面目被鬼發現，同時應該也是為了避免鍛冶的時候火星飛到眼睛裡。

由繼國兄弟看雙胞胎男孩

遭遇悲慘對待的雙胞胎之一

上弦之壹・黑死牟在人類時代是繼國家的長男巖勝。他有個雙胞胎弟弟緣壹，原先預計要被處決（第一七七話）。這是由於緣壹天生臉上就有著令人感到不舒服的胎記，並且當時武家習慣上是忌諱雙胞胎的。

在同一個時期一起在母親體內發育而出生的雙子（雙胞胎），由於當時的人認為「一次生下多人就和一胎好幾隻的貓狗一樣」，而遭到歧視、被認為是「畜生腹」。另外，也有迷信認為同胎的男女是「上輩子殉情的男女轉世而來」。以武家來說，孩子生下來的時間太過接近，也會造成繼承權的鬥爭。因此會將雙胞胎其中一人送養、或者讓他遁入空門、也可能關起來，最慘就是直接殺掉。雖說雙胞胎的出生機率至少有大概一％，但「雙胞胎歷史人物」卻非常稀少，也許就是因為這些原因。

話雖如此，一般認為德川家康的二男結城秀康，有一個名叫永見貞愛的雙胞胎兄弟。貞愛不被認可為德川家的孩子，因此送到母親娘家的永見家養大。另外，據說家康對秀康非常冷漠，也是因為他其實是雙胞胎。

對雙胞胎弟弟嫉妒不可自拔的黑死牟

黑死牟的雙胞胎兄弟緣壹，在母親拚死請求下得救，交換條件是十歲就要遁入空門。但是緣壹七歲的時候就展現出其身為劍士的稀有才能，因此巖勝的繼承權便開始動搖。由於寄養在寺廟中的緣壹失蹤，因此巖勝得以順利繼承自家，但他對緣壹的嫉妒心始終熊熊燃燒，最後在鬼舞辻無慘的甜言蜜語下成了黑死牟（第一七八話）。

戰前在不同的地區都有著對雙胞胎的迷信。像是「吃下有兩個蛋黃的蛋、或者兩股交纏的蘿蔔，就會生下雙胞胎」「要避免睡在榻榻米的縫隙上」等，人們相信這些沒有科學根據的行為，同時非常認真的實踐。

順帶一提，忌諱雙胞胎的迷信除了日本以外，其他國家也有。另一方面，在中國認為雙胞胎是非常吉祥的，尤其是一男一女的雙胞胎還被稱為「龍鳳胎」。

由猗窩座看刺青

八代將軍德川吉宗引進的刺青刑罰

上弦之參・猗窩座在身為人類的時候，是名為狛治的少年。他出身貧困家庭，為了要幫臥病在床的父親買藥，因此不斷偷竊，結果父親感到痛心而自殺。雖然他多次失風被捕、也承受了刑罰，卻還是叫囂著「要砍就砍啊！兩手都被砍了我還有腳！我就用腳偷給你們看，下次你們抓不到我的！」（第一五四話）。

猗窩座兩手上都有三條線刺青，這是江戶時代的「刺青刑」。幕府正式採用刺青作為刑罰，是在享保五年（一七二〇）時八代將軍德川吉宗，為了抑制犯罪率而引進的。在皮膚上做出傷口、放上黑墨或者赭朱等色素來描繪出花紋、圖樣或者文字這種刺青的文化非常古老，在《魏志倭人傳》當中也記述著「邪馬台國的男性皆有刺青」。另外，在奄美群島到琉球諸島一代，女性會在指尖到手肘處刺一種名為「HAJICHI」的刺青。在北海道，愛奴族的女性也會在嘴脣周圍刺青。

而作為刑罰使用的刺青，則是中國自古即有的。有位名為英布的將軍在前漢時代非常活躍，由於他年輕的時候曾經犯罪而遭到刺青，因此又被稱為「黥布」（「黥」便是指刺青）。在《日本書紀》當中記載著，履中天皇的時代有位協助住吉仲皇子反叛的阿曇濱子，他承受的刑罰為「即日黥（當天執行黥面之刑）」。

以江戶之「花」身分繁榮盛開的刺青文化

古代的刺青，說起來其實大多仍是裝飾的一環。但逐漸荒廢以後，中世紀就幾乎消失了。

不過進入江戶時代以後，刺青文化又再次重新發展。成為主要推手的，就是經常身著一條兜襠布在工作的鳶職人（工地技師）以及飛腳（快遞人員）。由於當時認為裸露肌膚是件令人感到羞愧的事情，因此他們用刺青遮蔽身體。當時的鳶職人在經常發生火災的江戶城鎮當中，也負責擔任滅火的消防員工作，等同是江戶的英雄。據說會刺青也是為了能夠在他們滅火殉職時，可以從遺體身上的刺青辨認身分。因此，刺青成為江戶的「精粹」象徵，而如「花」般盛開。另外，據說花柳界也有著遊女與客戶在身上刻上對方名字的文化。

最初是刻一些簡單的圖案和文字，但隨著刺青文化愈發成熟，刺青的花樣也更加複雜、擴大化。身有刺青的俠客活躍在大眾文化當中，浮世繪也開始描繪這類題材。「你們難道沒見過這片櫻吹雪嗎！」這赫赫有名的台詞出自江戶町奉行遠山金四郎景元，據說他年輕的時候就已經刺青了。不過景元其實並不會積極展現自己的刺青，因此並不確定究竟是什麼樣的圖案。另外，武士階級普遍討厭傷害自己的身體，因此也有人認為他並沒有刺青。

明治時代開始禁止刺青刑罰

另一方面，作為刑罰的刺青則一點也不「花」，而是在手腕處刻上三條線、又或者是在額頭刺上X記號等，圖樣非常簡單。還有些地方是初犯刻上「一」、再犯補上「ノ」，等到最後刻成一個「犬」字時就是死刑了。

同時政府也嚴格禁止擅自弄掉刑罰刻上的刺青圖案。由於身上有刺青，很容易就被週遭的人發現他有前科，確實可以壓低犯罪可能性，但也因為這些刺

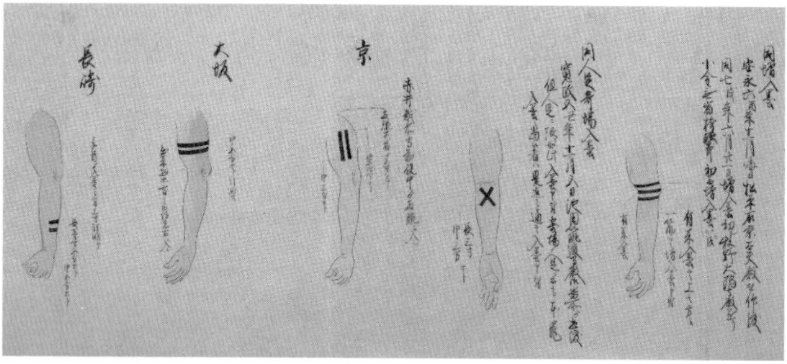

罪人身上的刺青
江戶時代將刺青作為刑罰的一種，不同地方及刑罰輕重也非常多樣化。

青，有些人失去了重生的機會而變得「自暴自棄」。另外也有人反而會藉此恐嚇那些身上有刺青的人。

到了明治時代開始推動近代化政策，因此接二連三廢除許多外國認為非常「野蠻」的風俗習慣，比如斬首示眾、男女混浴等。刺青刑罰也在明治五年（一八七二）時遭到廢除，但是裝飾用途的刺青也一併遭到禁止，因此刺青文化步上了衰退危機。刺青師們由於害怕遭到取締而到處遷徙，不過在某種程度上其實默認他們的存在，因此還不致於逮捕他們。日本的刺青文化其實也受到海外高度讚揚，明治二十四年（一八九一）訪日的俄羅斯國王尼古拉斯二世，也請人在他的右手上刺了非常華麗的龍。

由妓夫太郎與墮姬看遊廓

吉原遊廓為江戶最大商業街區

在佛教的用語當中，把煩惱痛苦無止盡的世界稱為「苦界」。佛教認為我們生存的人類世界就是一種苦界。

進入近世以後，「苦界」也用來指稱遊廓或者旅店當中作為男性對象的遊女們的境遇。遊女賣身被稱為「墮入苦海」，因為她們幾乎都是由於父母的債務、生活困苦等難以解決的問題才成為遊女的。江戶時代後期的隨筆書籍《世事見聞錄》當中記載著，越後、越中及出羽地方的農民，用三到五兩錢賣了女兒。畢竟是這樣的情況，因此遊女一般都被認為是「盡孝的女性」，通常不會遭到歧視。另外，喜多村信傑的《見聞直錄》一書中記載著一位下級武士的女兒為了拯救貧困的家庭，將自己以十八兩的價格賣到吉原。

遊女大多是貧困農民的女兒，但是為了找到等級更高的女性進入吉原，人口販子也會旅走全國努力挖角。而據說他們的目標就是找到那些生來氣質高雅、很可能成為高級花魁的沒落高官或武士之女。

出生於吉原最下層的妓夫太郎與墮姬

吉原是江戶最大的紅燈區、非常繁榮，位於目前東京都台東區千束。最興盛的時期占地兩萬坪，有數千位遊女。另一方面，由於是人口密集地區，因此若有傳染病發生，就有馬上蔓延開來的風險。

吉原的消費金額會依據遊女等級而有所不同，若是最高等級的「太夫」，那麼能夠與其匹配的就只有大名或者富豪商人等極為富裕的階層。另一方面，「振袖新造」這類階級較低的遊女們，會在只有二十個榻榻米大小的房間裡一起生活。

在《鬼滅之刃》當中出現的上弦之陸．妓夫太郎與墮姬兄妹，是在吉原最下層的羅生門河岸出生的兄妹（第九十六話）。妓夫太郎容貌醜陋因此遭到周遭的人虐待，但是容貌美麗的妹妹阿梅出生以後，他也能夠以遊廓的皮條客身分過活了，「妓夫」就是表示在遊廓拉客人的意思。

但是阿梅十三歲的時候用髮簪刺瞎了客人的眼睛，結果遭人報復而被活活燒死。妓夫太郎抱著阿梅焦黑的屍體、怨嘆世上沒有天理的時候，上弦之貳・童磨出現在他的眼前，於是兩人成了鬼。

就算離開遊廓也仍多災多難的遊女們

吉原有個潛規則，就是「年約為十年，到二十七歲為止」，簡單的說就是「年約到期」。就算是契約在身，若是客人為遊女贖身的話，也能夠離開吉原、脫離這一行。話雖如此，要讓身為商品的遊女離開，對於店家來說是非常大的損失，因此贖身費的金額都很高。另一方面，也有些人就算契約到期，仍然留在遊廓當中以做飯或補衣維生。由於遊女們與不特定多數男性發生關係，因此有很高的機率罹患梅毒或者淋病等性病，也很容易有營養不良、過勞的狀況，因此不少女性根本等不到契約結束就死去。遊女死亡之後就會被葬在吉原附近位於三輪的淨開寺，但據說那裡「就像是把屍體投擲到墓穴當中埋葬」，因此這裡又被稱為「投擲寺」。

若問契約結束之後的遊女是否過著幸福快樂的日子，實在是一言難盡。雖然在遊廓當中與她們立下夫妻海誓山盟的男人多如過江之鯽，但實際上真的實現諾言的大概只有十分之一，男人們幾乎都會違背誓言。如果能成為有錢人家的小妾、或者找到還不錯的工作倒還好，但也有些人卻成了「夜鷲」（日文為夜鷹），招攬街上的男人，賺著小錢過活。即使獲得解放也還是走上悲慘道路的女性們不在少數，這也是遊女的境遇被稱為「苦界」的理由之一。

即使如此，江戶時代的吉原聚集了各式各樣的人且不分貴賤，因此也是文化的發源地。不過到了明治時代，開始有人提出反對遊廓的運動，對於藝妓娼妓的印象也明顯下滑。政經界的社交場所轉移到藝人街區（花街），因此遊廓的規模和江戶時代相比已經縮小許多，但吉原仍是日本屈指可數的遊廓、頗為興盛，一直營業到昭和三十二年（一九五七）四月頒布賣春防止法為止。

新形三十六怪撰「地獄太夫悟道之圖」
室町時代有位遊女自稱是地獄太夫。可能認為遊廓是地獄，而必須居住在苦界則是由於前世的報應。

專欄

大正時代的兒童勞動

以大正時代作為時代背景的《鬼滅之刃》，讓人能夠窺見當時人民的貧困狀況以及兒童勞動的生態等問題。主角竈門炭治郎年僅十三歲就已經在從事賣炭工作。

在戰後才頒布的日本國憲法當中，第二十七條第三項禁止嚴苛的兒童勞動。另外，勞動基準法第五十六條原則上禁止雇用不滿十五歲的兒童。會有這樣的規範，是由於戰前日本各地都會讓兒童進行勞動。江戶時代有遊女以及小保母等例子，出身吉原最下層的上弦之陸．墮姬身為人類的時候，也是個遊女。

進入明治以後，隨著殖產興業（為明治維新的政策之一，內容為使用國家權力及資金來推動國內資本主義活動快速成長）發展有成，在工廠工作的「女工」也增加了。但大多數勞動環境過於嚴苛且薪資過低，也有許多無法上學而被迫工作的女性勞動者。因此明治四十四年（一九一一）時頒布了工廠法，限制未滿十五歲者及女工一日不可工作十二小時以上。但此法規遭到極大的反彈聲浪，因此到了大正五年（一九一六）才得以真正施行。

第2章

隱藏在故事中的暗號

為何人們會如此喜愛《鬼滅之刃》？

《鬼滅之刃》與世界神話共通的故事

與世界神話有共通點的理由

《鬼滅之刃》怎麼看都是個打鬼的故事。日本以《古事記》及《日本書紀》為首，留下了許多神話，就連鬼最一開始出現的故事，也都是記錄神話的古籍。那麼如此經典而古老的「打鬼」主題故事，究竟為何能夠如此打動令和時代的人心呢？這正是因為《鬼滅之刃》內在蘊含了所有人都會喜愛的梗概（情節）。

全世界各民族有獨自的神話。但即使是不同的時代或者場所，神話大多都有著共通的主題及梗概。比較單純的部分，就是世界的構造通常區分為三個世界，也就是神的世界、現實世界以及死者的世界。在日本神話當中，神之國是高天原，人類居住的現實世界是葦原中國，而死者的世界則是黃泉之國。

另外，《古事記》及《日本書紀》當中提到，伊耶那美由於產下火神而身亡，伊耶那岐追著她去到黃泉之國，卻打破了「不可以回頭看妻子樣貌」這個承諾，因此被黃泉之國的軍隊追捕，只好自己回到地面上的世界。這個故事與希臘神話中奧菲斯下到冥界的故事非常相像。

這是以「死亡與再生」為主題的神話，而伊耶那美是產下眾多神明的生殖之神，同時也是死亡國度的統治者。除此之外，古埃及神歐西里斯、印度教的濕婆神、海地的巫毒教神 Gede（為巫毒教對於祖靈的統稱）等都是具有生殖與死亡雙面性的神明。

月耕隨筆「立天浮橋圖」
伊耶那岐與伊耶那美產下了眾多神明，但也是在黃泉歸來神話中被認定為「死與再生」的神明。

太古時的神話為何會留存到現在？這並非單純運氣好而使記錄得以流傳到後世。能夠獲得大家同感、多數人喜愛的故事才會流傳下來；而其他故事則在時間長河中慢慢佚失。結果形成了留存在眾人內心中的神話。

就算人種及文化相異，畢竟人類是同一個種類的生物，因此有些情節總是受人歡迎。正因如此，全世界的神話多少都會有一些共通之處，也一起流傳到後世。

《鬼滅之刃》描繪了英雄故事的情節

在《鬼滅之刃》當中，最初的鬼，也就是鬼舞辻無慘，早在主角等人與鬼展開決鬥的大正時代一千年前就已經誕生。而在古書當中鬼第一次出現其實比這個時間還要早。最初被認定為鬼的怪物記錄，是在八世紀寫成的《出雲國風土記》當中，記載著一個單眼食人鬼——阿用鄉之鬼。之後雖然鬼的種類是五花八門，但他們象徵著死亡與不幸，這點卻是共通的。

像這樣人類面對絕對強大的力量，然後有英雄現身擊退對方的故事，是世界共通的神話之一。神話學權威喬瑟夫．坎伯便曾經提出世界神話中共通的英雄故事有著典型範例。英雄通常是「失去某些事物的人」或者「令人覺得欠缺了重要事物的人」，並且「為了取回喪失的東西」又或「找到能夠灌注生命的靈藥」等，因此踏上超越日常生活的冒險旅程。同時這會形成一個「前往某處之後回到原點的循環」。

在《鬼滅之刃》當中，主角炭治郎的家人慘遭鬼的殺害，為了要讓被轉化為鬼的妹妹禰豆子恢復為人類、希望能找到治療方式，因此加入了打鬼的團體、不斷前往有鬼出沒的地點，這正可說是承襲了世界共通的英雄故事情節。

芳年武者无類「日本武尊・川上梟師」
在日本神話中可說是英雄般存在的大和武尊征討各地。

死於非命的「柱」及神話中的英雄

全世界英雄們的共通點

並非只有炭治郎的設定是英雄故事情節。鬼殺隊的「柱」們也都符合相同的情節。在《鬼滅之刃》當中，也非常仔細描繪出其他角色的過往。幾乎大多數角色的過去，都是造成他們成為「被奪走某些事物的人」或者「令人感受到欠缺某些重要事物的人」的理由。

另外《鬼滅之刃》當中還有一個與英雄故事共通的重要梗概，也就是英雄會在半途上死於非命（或死狀淒慘）。

像是流浪四十年，卻在快要到達旅程終點「應許之地」時就身亡的摩西（舊約聖經）；在各地施行奇蹟卻被釘上十字架的耶穌基督（新約聖經）；雖然得以開悟卻眼睜睜看著自己出身國家滅亡，並且在那之後就因為嚴重腹痛而死的喬達摩．悉達多（佛陀）等。日本歷史上的人物也是如此，比如源義經、織田信長、坂本龍馬、土方歲三等，受歡迎的英雄總是在前往目標的半路上就死於非命。

被描繪成英雄的「柱」

在《鬼滅之刃》當中，並非只有主角炭治郎一個人是英雄。鬼殺隊的「柱」，每一位都身負英雄故事情節，同時他們無法達成打倒鬼舞辻無慘這個最終目標，在半途就身亡（或者身負無法復原的重傷）。但他們的意志卻由主角炭治郎等人繼承。

在第一三七話，鬼殺隊的領導產屋敷耀哉對無慘說：「所謂永遠就是人的意念」「人的意念才是永遠不滅的」。在相同的念頭當中，自過去到未來的鬼殺隊隊員是共同體。英雄們會在半路上就走向死亡，也象徵著思想的傳承，因為目標若是達成，就不需要「思想傳承」了。《鬼滅之刃》能夠打動人心，正可說是因為描繪出與神話共通的「思想傳承」這樣的主題。

由日本神話解讀《鬼滅之刃》

故事深層蘊含的性善說

《鬼滅之刃》基本上的情節是全世界神話共通的英雄故事，但是細節設定則是以日本神話為基礎者多。《鬼滅之刃》之所以正中日本人心，正是因為有著許多展現日本文化及精神的神話要素。

日本神話的最大特徵，就是不只有善惡二元性。日本的神明眾多，被稱為八百萬之神，祂們與人類一樣會煩惱、失敗，有時也會犯下過錯。在《鬼滅之刃》當中也非常仔細描繪出鬼的過往，也有在許多臨死之時讓主角竈門炭治郎投以同情的場景。雖然加害人類的鬼必須消滅、不能讓他們存在，但他們並非絕對的惡。

猶太教及基督教當中認為人類違背神明的話語，因此才被賦予痛苦（原罪）；佛教則認為前一世的作為會反映成為現世的痛苦（業障）。在全世界的

出雲國大社八百萬眾神緣結給圖
日本神話當中認為有無數的神明，而神明自己也會失敗或者犯錯。

宗教神話當中，大多認為這個充滿痛苦的現實社會，也就是活著這件事情是神明所給予的懲罰。人類生來就帶著原罪或者業障，必須在現世當中累積善行，將來才能被引領前往天國或者幸福的來世。

另一方面，在日本神話當中，認為人生來便潔白無瑕，隨著時間流逝才沾染了罪惡及汙穢。因此神社有所謂的祛穢，能夠為人祛除身上的罪惡及汙穢。簡單來說基督教及佛教等屬於性惡說，而日本神話則屬於性善說。在《鬼滅之刃》當中的底蘊也屬於性善說，這方面會比較符合日本人的情緒。

禰豆子是串連人與鬼的巫女

古代的姬彥制度與竈門兄妹

過往一般會由男女一組進行統治

《鬼滅之刃》設定中的特徵之一，就是故事為竈門炭治郎與妹妹禰豆子兩個人的故事。像這樣男女一組的兄妹或姊弟，在日本古代及神話當中都是很常見的組合。邪馬台國的女王卑彌呼有個弟弟，有些研究認為體制上是卑彌呼負責祭祀，而弟弟則是實際掌控政治及軍事的人。一般認為兄妹或姊弟關係的男女首長，是各自負責「聖」與「俗」的工作，又被稱為「姬彥制度」。

在日本神話當中，也經常描繪出男女一組的故事，可以明白古代日本在男尊女卑觀念上比較淡薄。舉例來說有生下日本列島與眾神的伊耶那岐（夫）

與伊耶那美（妻）；至高之神天照（姊）與降到地上世界的須佐之男（弟）；遠征九州的十四代仲哀天皇與其妻神宮皇后等。伊耶那美成了死者之國的統治者、天照大神是天上世界的統治者，而神宮皇后則在通靈之後繼承了過世的仲哀天皇遺志。共通點就是女性比較接近眼所不能直視的世界（神或死者的世界），負責的是串聯眾神與人類的巫女工作。

在《鬼滅之刃》當中，相對於屬於人類的炭治郎，禰豆子就是介於人類與鬼之間的存在。在第一九五話當中禰豆子被投以恢復為人類的藥物之後，成了半鬼半人的姿態，右眼是人類的眼睛、左眼仍是鬼的眼睛，這是完全表現出禰豆子角色性質的一幕。「禰」這個漢字，其實是代表著神明居住的場所、又或者是取代人的東西。順帶一提豆子也有「祛魔」的功用，是一種驅鬼的食物。在神社當中輔助宮司的職稱叫做禰宜，也是同一個漢字。從以上條件看來，禰豆子可說是古代日本中類似巫女的存在。

禰豆子銜著竹筒的理由

禰豆子的服裝設計是神社建築配置

禰豆子的標記應該就是她銜著的竹筒吧。擋住口部的東西會選擇竹子，也象徵著禰豆子的巫女性質。竹子或竹葉自古以來就被認為是有神明附身的神聖植物。正月時裝飾在玄關的門松，是為了要迎接能夠為家中帶來恩惠的年神而放置的依代（神明附身的對象）。另外，在《竹取物語》當中，遭到月亮世界流放的輝夜姬成為一個嬰兒自竹子中誕生，也象徵了竹子的神聖性質。

《古事記》及《日本書紀》當中記載，最早的巫女——天鈿女命為了要讓受到須佐之命狂暴行為而嚇到躲在天岩戶中的天照大神自山洞中離開，因此拿了天香具山上的竹葉開始跳舞，竹子是象徵禰豆子巫女性質的物品。

竹子還有另一個意義。現在比方神事當中、或者是建築工程當中為了祈求土地神的諒解而舉行的地鎮祭中，也都會使用竹子。地鎮祭會在四個方位立起竹子、拉上繩子打造結界，這是為了區分出聖與俗的空間。使用神聖的竹子拉出結界，就能有效抑制禰豆子身上超越人類的力量。

除了竹筒以外，觀察禰豆子的服裝也能夠明白其意涵。後面的章節還會詳細描述，不過簡單來說她的和服花樣是用來祛穢的麻；腰帶上的市松圖樣又被稱為石疊紋，用來呈現神社佛寺的參拜道路。而最令人印象深刻的就是與竹子同色的帶揚。帶揚是和服腰帶上方具裝飾性質的綁帶，而帶揚下方則有山吹色的帶留。平行的綠色口部竹筒及帶揚代表鳥居；帶留是掛在鳥居上的柱連繩；腰帶就是參道上的石板路吧？再加上神事當中不可或缺的麻花紋圖樣，服裝整體就象徵了禰豆子的女巫性質。

月亮百態「月宮迎竹取」

正如同《竹取物語》故事所表現出的，竹子是神靈附身的神聖植物。

鬼殺隊與遭到流放的英雄——須佐之男

不法之徒維護治安的神話

在第一章當中，已經解說過鬼殺隊成員是脫離社會結構的少數族群，同時歷史上也是由這些人來維持都市中的社會秩序。像是那些在暗地裡維持治安的岡引等，有許多是身懷前科、遭到流放而失去戶籍的「無宿者」。

在重視地緣及血緣關係性的日本社會當中，遭到流放是關乎生死的重大問題。流放這種刑罰的歷史悠久，可以追溯到神話時代。在《古事記》與《日本書紀》當中描繪的其中一個故事是，地位最高的神明天照大神的弟弟須佐之男將天上世界的田地弄得亂七八糟、害死了織布的女性等，引發各種事件，因此財產被沒收、並且遭到天上世界流放。被流放的須佐之男來到了地上世界，結果擊退了在出雲之地作亂的八岐大蛇。這形成了一個被流放的無賴之人，與迫害該土地的存在戰鬥的架構。

鬼殺隊的成員雖然並未遭到流放，但有許多人卻是斷絕了地緣與血緣的「無宿者」。我妻善逸與嘴平伊之助是棄兒、伊黑小芭內則是由一族的手中逃了出來。另外，對小芭內懷有戀慕之心的甘露寺蜜璃，也是自家中出奔的人。

幕末時代由於有許多不得志的浪士引發各種暗殺及犯罪，因此那些已非武士的浪人們聚集在一起組織了新選組來對付他們。在日本歷史當中，自神話時代到幕末為止，都是採用以親近之人來制止犯罪者的一貫手法。

大日本名將鑑「素盞鳴尊　稻田姬」

被天上世界放逐的須佐之男，來到地面後擊退了在當地作亂的八岐大蛇。
（在《古事記》中寫為須佐之男，《日本書紀》則寫為素盞鳴尊）

鬼殺隊VS.十二鬼月與太陽神VS.月神

由於太陽與月亮之爭而造就日與夜

在《鬼滅之刃》當中出現的鬼殺隊，會使用「全集中呼吸」這種技術，來對抗鬼那威脅性強大的身體能力。「全集中呼吸」有炎、水、雷、岩、風這五種基本呼吸，另外炎可以衍生出戀；水可以衍生出蛇、花、蟲；雷有音；風生霞等幾種衍生款的「呼吸」（第五十四話），而這些「呼吸」的源頭則是「日之呼吸」，鬼殺隊屬於「日之呼吸」的流派，那麼也許該稱他們是「太陽的劍士」。

另一方面，鬼只能夠在夜晚行動，鬼的幹部們則被稱為十二鬼月。而十二鬼月的首席——上弦之壹・黑死牟（巖勝）是那打造出「日之呼吸」的天才劍士——繼國緣壹的兄長，受到弟弟的啟發而打造出「月之呼吸」。但他卻因為懷抱對弟弟的自卑感而成為鬼。若說鬼殺隊是「太陽的劍士」，那麼鬼就是「月之戰士」了。

在《日本書紀》當中也描繪了太陽與月亮之間的爭鬥。眾神之父伊耶那岐生下了統治世界的天照、月讀及須佐之男。天照象徵著太陽，而月讀則是象徵月亮的神明。在天照的委託之下，月讀前去見掌管食物的神明。食物之神為了準備餐點，因此從口中吐出米飯、魚及肉類招待月讀。然而月讀卻非常憤怒地表示：「讓我吃你吐出來的東西實在太骯髒了！」因此斬殺了食物之神。得知月讀凶暴行為的天照非常憤怒，自此太陽與月亮就不住在一起了，這就是白天與夜晚的由來。

天照與月讀

左邊兩位神明當中，前方的是天照、後方的是月讀。據說由於兩神爭執才有了白天與黑夜。

累與殺子之神伊耶那岐

神話中描寫的親子相殘

在《鬼滅之刃》當中有許多抱持著親子愛恨糾葛或親子關係不合的角色。當中甚至有角色實際上殺害了對方的。生來便體弱多病的下弦之伍．累在鬼舞辻無慘的協助下獲得了強韌的體魄，但他的父母卻哀嘆孩子成了吃人鬼，因此打算殺掉孩子。累在發現這件事情之後，反而殺害了父母（第四十三話）。另外，協助鬼殺隊的鬼醫師珠世，為了抵抗疾病而成為鬼，卻殺害了自己的丈夫與孩子（第一三八話）。

在日本神話當中也有父母殺掉孩子的故事。生下日本列島與眾神的伊耶那美在生產火神迦具土的時候，由於嚴重的燙傷而去世。丈夫伊耶那岐對於妻子的死過於悲傷而感到憤怒，於是斬殺了兒子迦具土。之後伊耶那岐就每天過著思念亡妻、以淚洗面的日子。

炎柱．煉獄杏壽郎的父親槇壽郎在妻子瑠火亡故以後便辭去鬼殺隊職務，終日沉浸於酒精之中，甚至無視自己的兒子杏壽郎和千壽郎（第八十一話）。雖然他還不到殺死自己孩子的程度，但是槙壽郎那自暴自棄的樣子不禁令人想起伊耶那岐。

希臘神話當中有段故事是孩子殺掉自己的父親，也就是伊底帕斯王的經歷。伊底帕斯王殺害先王——也就是自己的父親，並且與母親成婚。由於這個故事，因此兒子與父親為了爭奪母親而對彼此懷抱憎恨的心理狀態，就稱為「伊底帕斯情結」。

在漫畫第一集當中的〈大正悄悄話〉當中提到，《鬼滅之刃》原先的書名備案還包括《獵鬼迦具土》《炭之迦具土》等。由此可以窺見親子之間的愛恨糾葛也是《鬼滅之刃》的主題之一。

迦具土（左）與伊耶那岐（右）
伊耶那岐斬殺了害死妻子伊耶那美的孩子迦具土。

胡蝶忍與人柱

無限城篇中描繪的三人自我犧牲

《鬼滅之刃》當中有許多自我犧牲的情節。無限列車篇當中，煉獄杏壽郎抱持著母親的教誨：「救助弱者是生來強悍之人的責任義務」而犧牲自己、搭救竈門炭治郎等人（第六十四話）。杏壽郎雖然抱持著必死的決心，但一開始並沒有打算死去。然而蟲柱．胡蝶忍卻是從一開始就將自己的死亡編織在戰術當中，這點令人印象深刻。

為了打倒殺死姊姊加奈惠的上弦之貳．童磨，她花費一年多的時間，讓自己的體內含有能夠置鬼於死地的紫藤毒，劑量高達一般鬼致死量的七百倍。而且她刻意讓自己被執著於啃食女性的童磨吞下肚（第一六二話）。童磨由於這猛烈的毒性而變得非常虛弱，結果被繼承了忍意志的栗花落加奈央打敗。

除了胡蝶忍以外，還有帶著家人一起自爆的產屋敷耀哉、為了使無慘受到傷害而讓自己被吸收的珠世（皆為第一三八話）等人。

以自己性命拯救大和武尊的弟橘媛

在神話當中也有許多自我犧牲的情節。《古事記》當中提到，巡迴征討日本全國的大和武尊從神奈川縣要渡海到千葉縣的時候，由於惹怒了海神，因此海相狂暴、船隻幾乎顛覆。他的妻子弟橘媛表示：「我代替丈夫入海。」便投身海中，波濤就此平靜下來，船隻也平安過了海。

據說之後完成東征的大和武尊由於思念亡妻，不斷在口中喃喃唸著「吾妻哪」，因此後來便將東國稱為「吾妻」。關東也有祭祀這位弟橘媛的吾妻（我妻）神社。這個故事在上皇后美智子陛下的著作《搭橋》中也曾提到，上皇后表示：「除了感動以外，也非常受到震撼。」

生物原先都是優先保護自己，最重要的是要讓自己活下去，而這種超越本能而去拯救他人，終極的利他行為總是能夠打動人心。歐美人也認為，這種自我犧牲的精神是日本人的特徵。

古代日本的活祭品「人柱」

雖然在建築工程當中過世的人也會被稱為人柱，但在古代，所謂的人柱是指活祭品。在《古事記》及《日本書紀》當中記載了一個故事，在出雲地方有一個八頭八尾的怪物八岐大蛇，當地的人非常怕牠，因此每年都會獻上活祭品。櫛名田比賣（比賣為古老的漢字標示，後來習慣以「姬」取代，是年輕女性的意思）的七個姊姊都已經成為祭品，該輪到她的那一年，正巧須佐之男來到地上世界，擊退了八岐大蛇，而櫛名田比賣則成為須佐之男的妻子。這樣大家應該可以理解，日本的文化自古以來就有向強大力量獻上活祭品的習慣。

在《日本書紀》當中也有據説是日本最古老堤防——大阪府茨田堤的故事。由於淀川經常氾濫，為了要治水而進行大型工程，但不管建設幾次，堤防有兩處一定會潰決。有次河神出現在天皇的夢中，告訴他只要奉獻兩個人類活祭品當成人柱，工程就能夠成功。而這兩個人有一位投身河中成為人柱，但據説另一個則憑藉自己的機智免於丟了性命。這類活祭品的文化存在全世界各地。

鬼殺隊的幹部被稱之為「柱」，應該也是象徵他們是「人柱」。「柱」使用

弟橘媛　神宮徵古館收藏
為了拯救惹怒海神導致船隻處在暴風雨中的大和武尊，弟橘媛投身海中。

「全集中呼吸」之後能讓心跳提升到兩百以上、體溫也高達三十九度以上，身體會出現獨特的花樣、斑紋，體能會大幅提升、受傷或者遭受任何傷害，也都能夠比平常更快恢復（第一二九話）。

但這是「預支壽命」來提高體能的方式，幾乎無一例外都會「在二十五歲以前就面臨死期」（第一七〇話）。即使如此，「柱」還是毫不遲疑的成為帶有斑紋之人，甚至對於斑紋遲遲不顯蹤跡感到不耐。「柱」可說正是「人柱」，完全表現出他們已經身懷奉獻性命的覺悟。

繼國兄弟與大和武尊

有著敵對關係的兄弟

《鬼滅之刃》當中有許多兄弟姊妹角色。主角竈門炭治郎與禰豆子、胡蝶加奈惠與忍、產屋敷耀哉的五個孩子（男孩輝利哉與女孩雛希、瞳夏、彼方、玖伊娜）等。像這類男＋女、女＋女的組合，大多被描繪成感情很好的兄弟姊妹。

另一方面，若是男＋男兩兄弟，那麼除了煉獄杏壽郎和千壽郎以外全部（至少表面上）都感情非常差。風柱・不死川實彌對追隨兄長腳步進入鬼殺隊的弟弟玄彌凶惡表示「別一副親暱的樣子來跟我搭話」「你毫無才能，還是退出鬼殺隊吧」等，甚至打算毀了玄彌的眼睛（第一三三話）。另外，在第一一八話當中也曾描繪霞柱・時透無一郎在過去，曾經被雙胞胎哥哥有一郎惡劣批評為「無一郎的無是『無能』的『無』」。另外，雖然血緣並未相連，但上弦之陸・獪岳與我妻善逸是同一位師傅栽培出來的師兄弟，但他卻非常討厭善逸。上弦之壹・黑死牟則是打造出初始呼吸的繼國緣壹的兄長巖勝，對人格比自己優秀且強悍的弟弟感到萬分嫉妒。不死川實彌和時透有一郎會對弟弟態度惡劣，其實是因為愛著弟弟；但是以獪岳和黑死牟來說，他們是憎恨著弟弟（師弟），結果化身為鬼。

壞心眼的哥哥與謙虛的弟弟

最令人感興趣的，就是這些組合全都是哥哥對弟弟不好。另外，除了不死川兄弟很難判斷孰者較為優秀外，其他都被描繪成兄弟當中的弟弟比較優秀。以兄弟來說，雙方都是男性時就會展現出互為勁敵的一面。在《舊約聖經》當中有一段故事是說，亞當和夏娃的長男該隱由於嫉妒弟弟亞伯而殺害了他，因此學界將兄弟之間的嫉妒與憎惡心理稱為「該隱情結」。

日本神話當中也有不少哥哥迫害弟弟的故事。大國主是地上世界之主，但在他成為出雲地方的統治者之前，卻好幾次受到兄長們的迫害、也好幾次被殺害之後又復活。當中最有名的就是因幡白兔神話。某天，大國主的兄長們為了向八上比賣求婚而出門，他們在半路上遇到被鯊魚剝了皮而痛苦萬分的白兔。

哥哥們故意告訴白兔一種錯誤的治療方式，使白兔更加痛苦。而晚到一步的大國主則教導白兔正確的治療方式，救了牠一命。八上比賣聽說了這件事情，便決定要與大國主成婚。哥哥們萬分嫉妒大國主，因此好幾次試圖殺害他。另外還有初代天皇神武天皇的祖父山幸彥，也是因為弄丟了哥哥的釣魚鉤而被猛烈苛責，只好到海中的海神宮殿去尋找魚鉤。

出雲福神御緣起
性命受到兄長們威脅的大國主在討伐兄長後，開始建設地上世界。

殺死雙胞胎哥哥的大和武尊

日本神話當中也有雙胞胎兄弟。為了要討伐不願服從大和政權的「不服之民」，也就是擊退那些鬼，因此大和武尊巡迴全國征討。根據《日本書紀》的記載，大和武尊原先的名字是小碓，而他有一位名為大碓的雙胞胎兄長。大碓曾經與父親景行天皇想迎入宮中的女性私通，還在父親想下令他平定東北地方時逃到草叢中躲起來，似乎沒做什麼好事。另外，在《古事記》當中則記錄著大碓遭到弟弟小碓殺害。

對於年少之人來說，年長者較為優秀似乎是理所當然；但是情況相反時，年長者比較容易有著尷尬感，神話中往往反映出這樣的心理狀態。因此神話中，幾乎都固定是壞心眼（或者不中用）的哥哥，搭配溫柔（又或者非常優秀）的弟弟。在《鬼滅之刃》中兄弟間的爭執，也是與人類心理一致的設定。

大日本名將鑑「日本武尊」

在《古事記》當中記述著小碓（大和武尊，也就是日本武尊）殺害雙胞胎兄長大碓。

為何人類會因為「血」而成為鬼？

《鬼滅之刃》中的鬼需要血

在日本古老典籍中出現的鬼，雖然被認定是鬼怪或者妖怪，但大多是犯下強盜殺人等罪行之人、又或者是不服從中央政權的地方勢力。但是在《鬼滅之刃》當中，所有的鬼都是分得最初的鬼——也就是鬼舞辻無慘之血才成為鬼，原本都是人類。和日本典籍中的鬼相比之下，這反而比較像是西洋怪物中的吸血鬼。吸血鬼會啜飲人類生血、而被吸血之人也會成為吸血鬼（英文中的 **vampire** 在中文及日文中都是翻譯成吸血鬼，因此廣義上來說的確也是鬼的一種）。不吃人並且想辦法打理自己身體的珠世、還有被珠世變成鬼的愈史郎，他們都只需要喝少量的血液便能夠存活（第十五話）。由這個線索看來，鬼所需要的是人類體中的血液。

鬼之「血」與鬼殺隊之「日」

在日本神話當中，血並非單純指人類身體的一部分。日本的古語當中，「血」（chi）這個音是用來表達自然現象以及自然萬物中的靈力。因此，自然界的眾神有許多名字裡有「chi」音的。火之神迦具土（KAGUTUCHI）、雷神建御雷（TAKEMIKATUCHI）、象徵巨大河川的怪物八岐大蛇（YAMATAOROCHI）等。「血」「乳」這兩個字都讀做「chi」，正象徵這兩者是生物根源的生命力及靈力。順帶一提父神伊耶那岐斬殺了迦具土之後，從迦具土的血中又誕生了武神的祖先神及水神。

壓制大鯰的建御雷神

由火神迦具土血中誕生的建御雷，是雷神也是刀劍之神，在信仰中被認為是武神。

無慘將自己的血分給其他人這種行為，應該等同於將無慘的靈性力量瓜分出去。鬼的強悍度會與他們分得的無慘血量、以及吃下的人數成正比（第七話）。這個設定並非單純的營養充足，而是因為他們擁有了靈力。

日本古語中另一個象徵靈力的字是「hi」。漢字就寫作「靈」（日、火、陽也讀hi），像是高皇產靈尊或神皇產靈尊等神明都用了這個字。相對於「chi」偏向於自然界，「hi」則傾向表達抽象的靈力，是一種催生萬物的宇宙能源概念。而提到「hi」，就會讓人聯想到「火之神樂」及「日之呼吸」等鬼殺隊相關的詞彙。

無慘誕生在血被視為禁忌的時代

「chi」是自然界的靈力，因此會為人類帶來恩惠，卻也可能造成災害。這種力量能讓人類感受到它已經超越了自己的智慧。相對於此，「hi」的力量則能改變眼所不能見的世界。無慘希望能夠獲得永遠不會改變的身體，而鬼殺隊的當家產屋敷耀哉則認為人類的意念才是永遠，這兩者可說是各自表現出「chi」與「hi」的靈力特性。

原本血具備靈力、能夠帶來豐饒，但自中世紀開始，血卻被視為汙穢。祭祀太陽神天照大神的伊勢神宮，於八〇四年時為了避諱「血」這個字而訂立規範改稱為「阿世」。這個時期，祭祀「hi」之神明的神社將「chi」視為禁忌，而無慘也正是在這個時期（大正時代的一千年前）誕生的，可說是非常巧合。

與無慘最後的決戰當中，無慘的血進入竈門炭治郎體內而使他化為鬼，但在他喝下經過珠世等人治療而變回人類的禰豆子之血以後，就恢復成人類。

漫畫描繪出那個時候，炭治郎在夢中被無慘與禰豆子雙方呼喚，鬼殺隊與無慘雙方試圖將炭治郎的身體拉向自己（第二〇二、二〇三話）。這一幕可以說是描繪出炭治郎的身體中有無慘與禰豆子雙方的血液，兩者之間的「chi（血＝靈力）」互相鬥爭的象徵性場景。

天岩戶與天照大神
祭祀太陽神天照大神的伊勢神宮，自九世紀起將血認定為汙穢之物而必須改稱為「阿世」。

鎹鴉與日本神話中的靈鳥

神話中引導人類的烏鴉

與鎹鴉極為相似的三隻腳烏鴉

《鬼滅之刃》的故事是發生在通訊設備尚未非常發達的大正時代，因此鬼殺隊的通訊手段，是使用鎹鴉這種會說話的烏鴉。而這種烏鴉的原型，應該就是日本神話中的八咫烏吧。這是一種有三隻腳的特異烏鴉，也是目前日本足球協會使用的標章圖案，因此很多人都見過。

八咫烏最初是出現在初代天皇神武天皇東征的時候。天皇一行人來到紀伊半島上位處深山的熊野地區，八咫烏被認為是太陽化身的靈鳥，引領他們前往能夠建築宮殿的大和橿原之地。鎹鴉也會向鬼殺隊隊員傳達指令，並且帶領他們到任務地點，可說是具備相同特徵的烏鴉。

在無限城之戰中，描繪出有一幕是將愈史郎的術符貼在鎹鴉身上之後，產屋敷輝利哉便能夠看見鎹鴉的影像，藉此得以接二連三對鬼殺隊發出指令（第一四四話）。熊野也有著類似的「熊野牛王符」，符上畫的是烏鴉文字，這是一種以烏鴉形象打造的獨特文字，除了可以貼在竈上或者玄關等處作為守護符以外，也用來當作切結書（誓約書）。戰國時代的大名們如果約定結為同盟或者雙方罷戰等，就會將熊野牛王符貼在誓約文的背面。若是違反了這個約定，

據說身為熊野權現（熊野大社祭祀的神明）的使者烏鴉以及打破約定的當事者就會死亡。

大日本名將鑑「道臣命」

抵達紀伊半島熊野之地的神武天皇一行人，在八咫烏引領下來到大和之地。

啾太郎不是烏鴉而是麻雀的理由

「春」是雷與雀的共通點

《鬼滅之刃》中出現的鎹鴉有會將鬼殺隊隊員罵到臭頭的、有年長而忘東忘西的、也有非常時髦的，個性非常多樣化。當中最有特色的，就是我妻善逸的鎹鴉啾太郎了。其他隊員的鎹鴉全都是烏鴉，但啾太郎卻是麻雀。順帶一提在動畫版第十五話的〈大正小道消息〉當中介紹啾太郎的本名是「五加木」，並且喜歡五加木飯。

善逸和啾太郎之間的關係，應該是靠「春」這個關鍵字連結起來的。這與善逸使用的是「雷之呼吸」有關。在單行本第三集的〈大正悄悄話〉當中說明，善逸的頭髮是金色的，是由於修行中被雷劈到，善逸是象徵雷的角色。

善逸在六個型態當中，只學會了壹之型・霹靂一閃（之後又自己創造出漆之型・火雷神），霹靂指的是突如其來的雷。日本有七十二節氣，將一年區分出七十二個氣候，而春分最初的氣候是雀始巢（三月二十一到二十五日），並且終於雷乃發聲（三月三十一到四月四日）。雷乃發聲原先被稱為「始雷」，也就是當年度第一次鳴響的雷聲。順帶一提，啾太郎喜歡的五加木也是這個季節當季的作物。

在日文當中閃電被稱為稻妻，是因為從前日本人認為「閃電打到稻子上，讓稻穗懷孕而有了孩子」。另外，痲雀也是春夏之間會捕食稻穗害蟲的鳥類（不過到了秋天，就會因為咬食稻穀而成為害鳥），因此雷與雀兩者都與「春」有著相當深刻的關連。

善逸會在昏迷之後發揮原先的力量，就像是「春眠不覺曉」這句詩一樣，春天是很容易引發睡意的季節。順帶一提善逸的生日是九月三日，雖然不是春天，但這天在日文中因為可以讀成「Guu-Suri（熟睡）」而被定為床鋪之日。

和漢百物語
「雷震　順風耳　千里眼」
在中國故事中描繪著雷神擊退鬼怪的樣子。

專欄

在最後一話描繪出現代的意義

在最後的第二〇五話當中，描繪著與鬼舞辻無慘最終決戰一百年後的世界，鬼殺隊們的子孫過著相當和平的日子。為何要描繪一百年後的世界呢？想來是為了強調人類在世間中的永恆性吧。

在單行本最後一集，也就是第二十三集發售前一天的報紙廣告上，刊登的是第一三七話中產屋敷耀哉向無慘說的台詞：「所謂永恆，就是人的意念」「人的意念才是永恆不滅的」。這些台詞正極端表現出鬼有多弱、而人類有多強。《鬼滅之刃》當中的鬼不受天年的限制，因此不會留下子孫。只要無慘死了，所有鬼都會滅亡，是遠比人類「弱小的存在」。

但不管他們殺了多少鬼殺隊成員，人類都不會滅亡。《鬼滅之刃》這個作品正面迎向所有人都懷抱恐懼的「死亡」主題，並且提出了「永恆的意念」作為解答。將最終話的背景挪到現代，正是為了描繪出這種意念的永恆性吧。

第3章

與鬼戰鬥當中隱藏的暗號

與鬼的戰鬥就是與傳染病的戰鬥

新型冠狀病毒的流行與無限城之戰

在二〇二〇年忽然爆炸性受到歡迎的《鬼滅之刃》

在《鬼滅之刃》當中要消滅鬼，只有兩個辦法。一是讓鬼沐浴在陽光下，又或者以吸收陽光的特殊鐵材製成的日輪刀將其斬首。除此之外，還有好幾種讓鬼變虛弱的方式。竈門禰豆子雖然是鬼卻擁有特殊體質，她的血具備能夠讓鬼燃燒的特殊功效，被稱為爆血（第四十話）。另外還有鬼非常厭惡的紫藤花毒，在無限城之戰當中，使用了混和禰豆子血液與紫藤花毒的藥物。

《鬼滅之刃》自二〇一九年動畫播放起便受到歡迎，但進入二〇二〇年之後更是大為暢銷，至二〇二〇年十二月為止，單行本的銷售數量已經超過一億兩千萬本，可說是國民人手一本的漫畫。《鬼滅之刃》最後一話是刊載在二〇二〇年五月十八日發售的《週刊少年 JUMP》上，此時正是由於新型肺炎而在歷史上第一次發布緊急事態宣言的期間。

《鬼滅之刃》原先就很受歡迎，因此大家在減少外出期間，會閱讀漫畫、又或者在家中看網路上播放的動畫版，但想來不僅僅如此。《鬼滅之刃》當中的打鬼之戰，尤其是最後決戰的無限城之戰，原先都是採用斬殺做為攻擊的鬼殺隊，此時卻用起了讓鬼變得虛弱的藥物，看起來就像是在表達治療疾病的過程。與鬼王鬼舞辻無慘的最終決戰當中，用上了珠世的四種藥物、竈門炭治郎的火之神樂（完成型）、多位「柱」在萬力握力下轉紅且提高攻擊力的赫刀斬擊等，傾盡鬼殺隊全力。我想大家應該能夠看出，這就像我們面對強悍的新型肺炎病毒感染擴散時，拚命摸索有效的藥物及治療方式、讓自己不要遭受感染的預防方式等，是非常相似的狀況。

帶來傳染病的鬼

神社中傳承的預防傳染性疾病智慧

從前日本認為會有傳染病流行，是由於疫病神或疫病鬼造成的。目前也仍留有節分之時灑豆驅鬼的習俗，還有傳統習俗追儺式也是為了祈禱大家在季節變更時不會生病的儀式。

在《續日本紀》當中提到，寶龜四年（七七三）時，由於各國發生疫病（傳染性疾病），因此舉辦了追儺儀式。京都八坂神社的祭典祇園祭也是用來祛除疫病的儀式，起源於貞觀十一年（八六九）時諸國發生疫病，因此立起當時國家數量六十六支的鉾（長矛），藉此鎮壓疫病神。疫病被認為是鬼引發的災厄，鬼的樣貌會被畫成赤鬼與青鬼，也有人認為是象徵著因高燒而發紅的病人，以及因重病而面色發青的病人。

在醫療尚不發達的時代，人們向神明獻上祈禱，使用護身符等咒術來保護自己不受疾病傷害。因此日本的神事，其實包含了許多保護人類不生病的經驗智慧。

舉例來說，要參拜神社之前必須在手水舍清淨雙手與口部，這正是預防傳染病最基本的洗手和漱口。此處的潔手水是將伊耶那岐從死者之國回到地上世界時，為了祛除死亡穢氣而進行的淨身儀式簡化而來。另外，守靈或者葬禮之後，要使用鹽巴淨身，也是原先用海水淨身的儀式簡化而成。鹽巴具有殺菌作用這件事情，想來也有很多人知道。

在神事開始進行以前，會使用一種叫做大幣的神具進行祛穢儀式。大幣是一種在木棍上綁著紙張的工具，看起來就像是打掃工具中的撢子。在神社侍奉神明的神職人員，工作是「始於打掃、終於打掃」，可見清潔（清淨）有多麼重要。因為一般認為不潔（不淨）會減弱神明的力量。傳染病大國日本，自古以來深知傳染病可能造成死亡，因此將這些保護自己不受傷害的智慧都編織在神事當中。

《鬼滅之刃》當中有許多與神社或者神話相關的名稱，例如竈門炭治郎使用的「火之神樂」和「柱（計算神明數量的單位）」等，想來並非毫無關係。鬼殺隊本身便是象徵祛除疫病這種鬼。

祛除疫病的神明——須佐之男

收拾疫病的疫病神

在第二章當中曾經介紹一段神話，是須佐之男從天上世界被流放以後，來到地上世界，結果他擊退了造成人類痛苦的八岐大蛇。須佐之男正是八坂神社祭祀的神明，也就是祛除疫病的神明。現在全國神社於每年六月底及十二月底都會舉行大祓活動，這個神事是讓大家祛除這半年來不知不覺累積在身上的罪惡與汙穢。神社境內會擺放以茅草製成的大圈，據説穿過這個大圓圈，便能夠避免疾病纏身。

這個穿過茅草環的行為是來自蘇民將來的故事。從前從前當須佐之男在旅途當中，曾在一個村子求宿。但是家境富裕的巨旦卻拒絕了他的請求，而巨旦的哥哥蘇民將來雖然貧困，仍努力接待須佐之男。須佐之男為了道謝，因此給了他一個具有去病消災力量的茅草環。由於這個故事，在大祓活動當中大家會穿過茅草環，並且拜領一個記載著「蘇民將來之子孫」的護身符，用來袪除疾病。在京都，據說從八坂神社領到茅草環以後與粽子一起掛在門上，就能夠防止疾病侵入家中。

「藤家紋之家」不受侵襲的理由

在《鬼滅之刃》當中，有一個成為鬼殺隊後援單位的「藤家紋之家」，這個家族的家紋、也是他們的正字標記，正是藤花的圖樣。雖然他們對於鬼來說是非常大的阻力，但是卻從來沒有鬼去襲擊「藤家紋之家」的描述。

「藤家紋」上寫著大大的「藤」字，日本自古以來就有著言靈信仰，認為語言當中有著靈力。因此可以推測「藤家紋」本身具備鬼所厭惡的紫藤力量，有像是「蘇民將來之子孫」護身符功效。

蘇民將來的護身符

據說在門上掛著寫有「蘇民將來之子孫」的護身符，疾病就不會侵入家中。

戰鬥的舞台是群聚感染之處

與傳染病擴散階段一致的戰鬥場所

在《鬼滅之刃》當中，竈門炭治郎等人在各式各樣的場所與鬼展開生死決鬥。而鬼出現的場所，若當成疫病發生地點就很好理解。傳染病擴散是從動物之間的循環進展到動物傳染給人類、然後人傳人，之後才造成群聚感染，最後就會進展為爆炸性的群體感染。

在第一話當中，城鎮上的人向炭治郎提出「你打算回山上嗎？」「有鬼出沒喔」等忠告。另外還有最終選拔地點藤襲山、與下弦之伍．累一戰的那田蜘蛛山等，戰鬥地點有許多發生在山上。竈門炭治郎和禰豆子最一開始也是在山中遇到「佛堂鬼」。另外，《鬼滅之刃外傳》的〈富岡義勇外傳〉當中，又鬼（獵師）又造也成為鬼。在在顯示出居住在山中的動物之間循環的病毒，偶然感染給人類，造成傳染病發生的狀態。

鬼出現的地方就是群聚感染處

在山林附近的城鎮，很容易成為傳染病的源頭。與「沼鬼」作戰的城鎮（動畫版第六集）以及與下弦之陸・響凱對戰的鼓屋敷（動畫版第十一集）也都在山腳下。另外上弦之伍・玉壺及上弦之肆・半天狗突襲的鍛刀村也在山腳。

而造成新型肺炎群聚感染而成為眾矢之的者，正是所謂的「夜生活區」。大正時代當時的鬧區就是淺草，而遊廓正是吉原。淺草就是鬼舞辻無慘在故事中第一次現身的街道（第十四話）；吉原則是與上弦之陸妓夫太郎・墮姬兄妹戰鬥之處。

感染新型肺炎風險較高的場所，條件包含三密（密集、密接、密閉），而符合這些條件的就是下弦之壹・魘夢現身的無限列車。魘夢與火車融合，將乘客當成人質（第五十九話），臥鋪列車正是屬於三密的空間，而與鬼舞辻無慘的最後決戰位於無限城，正是象徵三密的場所，因此有大量的鬼。這個場景不禁令人連想到三密空間中發生群聚感染。

從與鬼的戰鬥了解日本醫療歷史

「淺草之男」與感染病隔離政策

遺留在神事中的封城行動

在《鬼滅之刃》當中描寫了許多關於醫療方面的行為，其中之一就是防止傳染擴散的封鎖政策。鬼是帶來死亡的存在、象徵疫病，為了不讓「鬼＝傳染病」擴散開來而加以封鎖的場景，就是第六話中的藤襲山。為了考核鬼殺隊成員，在這座山上進行最終選拔，這座山「從山腳到山腰整年盛開著鬼最討厭的藤花」，而將鬼殺隊活捉來的鬼隔離在其中。

平安時代，京都於每年六月及十二月都會舉辦一個名為道饗祭的祭典。這個神事會在京都四方道路上祭祀八衢比古、八衢比賣（比古和比賣漢字同時可以寫做「彥」與「姬」，是兄妹或姊弟姬彥組合的神明，八衢則是四通八達的道路之意）、岐神（岐意指岔路口）等道路神明，供奉食物給祂們，祈求鬼及災厄不要侵入都城。另外民間社會也會在村子的邊界拉上繩子等，防止疫病神入侵。這可說是類似現代封城政策的傳染病預防對策。神社在醫療尚未發達的時代就有封城的概念，並且將其作為神事來舉辦。

傳染病大流行的江戶城鎮

江戶時代中期以後，這個城鎮已成為有著百萬人口的都市，人口過度密集。另外代表江戶的文化當中，有澡堂、歌舞伎等小型劇場，因此江戶人經常處在三密（人口密集、緊鄰他人、密閉空間）狀態之中。也因此天然痘（天花）、麻疹、水痘這三種傳染病大家一輩子都會感染過一次，甚至被稱為「御疫三病」（三大傳染病）。江戶時代的日本人平均壽命大約四十歲上下，非常的低。這是由於幼兒死亡率極高，而最大的原因就是傳染病。

在這種情況下，八代將軍德川吉宗特別致力於建立傳染病的對策。吉宗是在享保元年（一七一六）坐上將軍大位，當年有傳染病流行，整個江戶城鎮一個月內的死者就超過八萬人。由於死者多到連棺材都來不及做好，大家無法好好土葬只好選擇火葬，但沒有錢的平民就只能水葬了。在享保年間二十年內，天花和痲疹這類傳染病大概流行了八次之多，因此吉宗非常致力於打造醫療政策。

江戶時代執行的傳染病隔離政策

享保年間很早就有將「隔離」作為預防感染方式的想法，醫學者橋本伯壽在著作《斷毒論》《國字斷毒論》當中提倡針對天花應該進行隔離預防。實際上古代起就將隔離策略作為預防傳染病的對策之一，將病人隔離在遠離人群的山中小屋。橋本具備西洋醫學知識，因此判斷天花、痲疹、梅毒、疥癬屬於傳染病。他提出水痘傳染的條件包含「接近病人後以鼻子吸進熱氣」「以手接觸病人睡眠處放置的物品也會傳染」「經由食物傳染」，因此提倡應該隔離病人。這和現在預防傳染的方式可說是完全相同。幕末到明治時代由於霍亂流行而產生大量死者。安政五年（一八五八）那次流行，光是江戶城鎮當中死者就高達三萬。對此，於銚子行醫的關寬齋向西洋醫師學習臨床治療方式及防疫方

「安政箇勞痢流行記概略」茶毘室人潮洶湧之圖
江戶流行霍亂的狀況。由於死者過多，導致棺材數量不足。

式，執行了適當的隔離法。雖然銚子與江戶交流頻繁，但據說在他的努力下，成功壓低了感染霍亂的人數。

在《鬼滅之刃》第十五話當中也提到，珠世將在淺草遭到鬼舞辻無慘變成鬼的男人關進地下牢房。這個遭到隔離的「淺草之男」，後來在珠世研究竈門禰豆子及十二鬼月血液之後獲得治療、取回自我意識，於第一二七話淚流滿面與妻子重逢。這是非常能夠表現出以隔離來防止傳染擴散及治療傳染病的一幕。

大正時代的瘟疫流行與黑死牟

致死率與傳染力皆高的傳染病

鬼舞辻無慘的部下當中最強的鬼，便是上弦之壹・黑死牟。他原先是那位編織出原始呼吸「日之呼吸」的殺鬼劍士繼國緣壹的兄長。雖然身為鬼，卻可以使用人類為了對抗鬼而打造出來的「全集中呼吸」，以他獨創的月之呼吸展現出不可一世的強悍。

在人類歷史當中，最凶猛的疫病應該就是鼠疫了吧。這是一種由鼠疫桿菌造成的傳染病，會經由跳蚤等吸取保菌宿主老鼠身上的血液之後傳播開來。潛伏期大約一到七天，發病之後皮膚會因為內出血而呈現黑紫色，因此又被稱為黑死病，黑死牟的名字由來應該就是黑死病。鼠疫包含腺鼠疫、敗血性鼠疫、肺鼠疫等類型。若是沒有給予適當治療，鼠疫的致死率非常高，腺鼠疫致死率為三十到六十%，肺鼠疫則更高。

日本大正時代流行的鼠疫

鼠疫過去曾發生過三次全球大流行。在西元五四一年由埃及擴散開來的流行據推測造成北非、歐洲、中南亞人口減少五十到六十%左右。一三四六年時則造成歐洲人口三分之一，也就是大約兩千到三千萬人喪生。另外在一八五五年時起於中國的流行，則在中國及印度就造成約一千兩百萬人死亡。

日本也曾流行過鼠疫。明治三十二年（一八九九）日本首次出現鼠疫病例，一直到昭和元年（一九二六）為止，這二十七年內有兩千九百零五人感染，當中的兩千四百二十人死亡。一九二七年以後就沒有感染病例，因此鼠疫可說是明治時代後期至大正時代集中流行的傳染病。而《鬼滅之刃》故事背景的大正時代初期東京確實也流行著鼠疫。大正三年（一九一四）四月於東京有鼠疫流行，到年底時死者人數已高達四十一人。也就是鬼殺隊與鬼展開生死決鬥的時期，鼠疫正在流行。

藍色彼岸花與麻醉藥

使用「藍色彼岸花」的平安時代醫師

鬼舞辻無慘會成為鬼，是因為「平安時代的善良醫師」將使用「藍色彼岸花」製成的藥物使用在他身上（第一二七話）。除了這位「平安時代的善良醫師」以外，打造出鬼的只有珠世。在第十五話當中，已化身為鬼的珠世表示她「大肆改造了自己的身體」脫離無慘的詛咒，因此不吃人也能夠好好過生活。另外，珠世也和「平安時代的善良醫師」一樣，能夠將人轉化為鬼。雖然沒有說明將人轉化為鬼的具體辦法，但是從珠世改造身體且精通製藥這方面看來，很有可能是透過外科手術來執行。

全世界第一次全身麻醉進行外科手術

日本有個會讓人聯想到「平安時代的善良醫師」的人，出身於熊野古道所在的和歌山縣，那就是江戶時代後期的醫師華岡青洲。青洲學習的是西洋醫學，於文化元年（一八〇四）開發出以曼陀羅花（別名洋金花）等數種藥草搭配製成的麻醉藥通仙散，成功完成了全世界第一次全身麻醉後的乳癌手術。順帶一提，美國的牙醫威廉．莫頓公開使用乙醚麻醉進行手術的實驗，則是在一八四六年。

從珠世沒有使用藍色彼岸花也能夠讓愈史郎轉化為鬼看來，藍色彼岸花並非讓人鬼化的藥物，而可能是外科手術中用來麻醉的東西。

彼岸花的別名是曼珠沙華，和曼陀羅花是不同的，但兩者在佛教當中都是來自天上世界的花卉。而彼岸也代表了「死後世界」，因此也可以推測這代表了全身麻醉造成的假死狀態。

有研究認為「彼岸」原先是來自於日本舊有的太陽信仰「日願」（日文發音皆為 higan）。由於極樂淨土位於西方，因此彼岸相關的活動是在太陽於正西方落下的春分及秋分之日舉辦。無慘對於無法在日光下生活感受到屈辱，因此尋求起「藍色彼岸花」，正可說是「對日光的祈願」。

鬼舞辻無慘究竟是誰？

自稱「新皇」挺身抵抗時代的平將門

對抗朝廷引發反叛的平將門

在《鬼滅之刃》當中有許多以日本古典故事或歷史為原型設定的故事，那麼，鬼之始祖也就是故事中最重要的角色——鬼舞辻無慘的原型是誰呢？最常被提出的就是平安時代的鬼之首領酒吞童子。他的根據地位於大江山，手下有許多鬼，還到處綁架年輕女性、吃人等，作惡多端。

但考慮到故事背景地點在東京的話，無慘的原型就有可能是其他人。也就是三大怨靈當中的平將門。平將門是桓武天皇的曾孫高望王的孫子，年輕時便離開了京城，沒多久就回到故鄉，在承平年間（九三一～九三八）成功壓制關東地區東北部一帶的紛爭、取得勝利，因此威震天下。

天慶二年（九三九）時，將門為了援救被常陸國國府官兵追趕的藤原玄明而前往國府，事情談不攏的情況下直接開戰，並且打敗了官兵。將門的軍隊一路繼續前往下野國、上野國，結果掌控了三個國家的國府。當時下鄉的官兵當中有許多不務正業，只顧拚命賺錢和存錢，對於這些官兵表達反抗之意的將門受到武士、土豪及農民們的支持。因此將門表示有神諭要他成為「新皇」，這是公然對於朝廷表示反叛。大感驚訝的朝廷下令要藤原秀鄉及平貞盛等人前往討伐。對抗朝廷的勢力會被視為鬼，但先前不曾有人自稱「新皇」，表示自己與天皇有著相同等級。將門是關東的革命家，可說是朝廷最懼怕、也最強悍的鬼吧。

將門在天慶三年（九四〇）遭到討伐後，雖然首級被放在京城示眾，但之後馬上就飛回了江戶城鎮當中。人們因此祭祀那個首級，現在大手町也還留有將門塚。大約四百年後，也就是十四世紀初期，除了天地異變以外還有疫病流行。人們認為是將門作祟造成，因此試圖鎮壓將門神靈而進行慰靈，到了延慶二年時將其奉入神田神社以後，疫病也逐日收斂。將門怨靈與鬼相同，會引發疫病。

無限城位於將門首塚的地下

背景畫出大藏省印刷局

鬼舞辻無慘的基地無限城雖然位於異空間當中，但是在操控無限城的上弦之肆．鳴女消滅之後也崩塌了，因此無慘與鬼殺隊成員們只能回到地上世界（第一八三話）。但那卻是卻大出產屋敷輝利哉預料之外的城鎮，大量三層樓磚瓦房整齊排列的景象，以當時的日本來說非常少見，能夠想到的就只有大手町和丸之內了。大正時代的大手町是大藏省及內務省等公家機關所在之處，而第一八四話中描繪出來到地面上的那個地點後方，有著與大藏省印刷局非常相似的建築物。

當時的大藏省印刷局在事業拓展之後，附近的建築物也增加了，占地擴張到現在的常盤橋公園至神田橋一帶，非常廣大。而大正時代的將門首塚位置，正巧就在無慘與鬼殺隊成員回到地上的位置，也就是大藏省印刷局用地內。

明治時代末期丸之內全景

大手町、丸之內地區在明治時代便已開發，將門首塚仍留在大藏省用地內。

無慘在與「初始之呼吸」劍士繼國緣壹一戰中身負重傷逃走後，回到根據地努力要恢復身體狀況。這與將門在首級遭到示眾後也飛翔（逃亡）回關東一致。

順帶一提鬼殺隊和無慘在戰鬥時邊移動的情況下，可以看到道路兩旁都是三層樓的建築物，而從崩壞掉落的建材也可以看出這些都是煉瓦建築。大正時代的丸之內被稱為「一丁倫敦」（「丁」現代多寫為「町」），林立著三層樓的煉瓦建築，看起來就是這個樣子。由此可以判斷他們回到地面的地點在大手町，同時在戰鬥中往南邊的丸之內移動。

出現在炭治郎出身地雲取山的平將門

留下將門悲劇性逃亡路線的雲取山

會認為鬼舞辻無慘的原型是平將門，還有其他理由。在第一話當中，竈門炭治郎一家人都遭到無慘殺害、禰豆子也被轉化為鬼，這段故事發生的背景地點雲取山正殘留有平將門的足跡。

將門雖然興兵造反，但是到了第二年，士兵們為了農務還是得要返鄉。就在他的兵力變薄弱時，藤原秀鄉等人的討伐軍隊便追上將門，將他逼得逃進了雲取山。雲取山上現在也還有標示著「將門逃亡路線」的登山路線，據稱便是當時將門所走的路線。另外還有將門的妻子紫之前自殺之處、將門的七個替身稻草人化身為岩石之處、家臣的妻女九十九人自殺之處等。

來看看炭治郎以外的鬼殺隊成員出身之處。在《鬼滅之刃公式漫迷手冊：鬼殺隊見聞錄》當中介紹了每個角色的出身，最為奇妙的就是他們全部來自東京都（舊東京府）。大致上可以區分為兩類，一個就是前述炭治郎出身地雲取山為首的東京西部山岳地帶。在這裡的有悲鳴嶼行冥（日出山）、時透無一郎（景信山）、嘴平伊之助（大岳山），地理位置上把將門逃亡中躲藏的雲取山阻擋於都市中心之外。

其他人則位處都心。不死川實彌及玄彌兄弟（中央區京橋）、栗花落加奈央（墨田區本所）、胡蝶忍（北區瀧野川）、我妻善逸（新宿區牛込）、富岡義勇（中野區野方）、煉獄杏壽郎（世田谷區櫻新町）、甘露寺蜜璃（港區麻布台）等都位於都心，而這些地點正好包圍了首塚所在的大手町（舊麴町區），

而東京灣海上則有伊黑小芭內出身地八丈島。

鬼殺隊的出身地對將門相關地點——雲取山及首塚形成了結界。

芳年武者无類「相模次郎平將門」
竈門炭治郎出身地雲取山，是平將門逃亡的時候留下許多相關事蹟之處。

竈門炭治郎的原型是藤原秀鄉

擊退鬼及怪物的平安時代武人

若鬼舞辻無慘的原型是平將門，那麼竈門炭治郎的原型應該就是討伐將門的藤原秀鄉了。藤原秀鄉也留下許多有如鬼殺隊成員事蹟的傳聞，據說藤原秀鄉曾在栃木縣宇都宮市兔田這個地方，擊敗一個擁有百目及刀刃般髮絲、身高約一丈（大約三公尺）的百目鬼。上弦之壹・黑死牟有三對共六隻眼睛，在第一七六話中因為被鬼殺隊逼到盡頭，因此轉變為身體長出無數黑刀的異形樣貌，這與百目鬼的姿態十分相似。秀鄉又被稱為俵藤太，在「俵藤太繪卷」當中有個故事是說他擊退了三上山的大百足（蜈蚣）。

以燒炭為業的另一位藤太

另外還有一個人雖然並非秀鄉，但在青森縣到神奈川縣如此大的範圍，都有個同名叫燒炭藤太的民間故事。在平安時代，有個以燒炭維生的貧窮男子藤太，由於觀音的指點，一位叫做豐丸姬的美麗女子來到藤太身邊，成為他的妻子。妻子雖然將黃金交給藤太，要他買米買衣服，藤太卻將黃金丟進池子裡。妻子非常驚訝，但藤太表示燒炭小屋旁多的是那種東西。妻子前往一看，果然遍地皆黃金。終於明白黃金價值的藤太，之後便收集黃金而成為當地長老。竈門炭治郎或許便是以這兩位「藤太」作為原型的吧？

新形三十六怪撰

「藤原秀鄉射殺龍宮城蜈蚣之圖」
討伐平將門的藤原秀鄉與竈門炭治郎有許多共同點。

專欄

動畫版中描繪的藥街

竈門炭治郎與「沼鬼」戰鬥的城鎮，在《鬼滅之刃》動畫版第六集當中是一個藥局林立的藥街。當中描繪出「本田藥局」「蠣田腸胃藥」「順血湯」等廣告看板，當中順血湯是實際存在的漢方藥，有改善腦溢血、暈眩、頭痛、耳鳴症狀的功效。

明治二十二年（一八八九）時制定了藥品營業暨藥品往來規範，將藥劑師、藥商、製藥者、藥品處理都列入法制規範，近代藥物法也漸趨完善。《鬼滅之刃》的故事背景大正初期，正是藥品逐漸國產化的時代。大正三年（一九一四）第一次世界大戰爆發，醫療藥品進口遭到中斷、也禁止藥物出口。

為此，東京和大阪都設立了臨時製藥部，大正四年（一九一五）也公布了染料、醫療藥品製造獎勵辦法。在動畫第六集當中的藥街，想來也反映出這個時代的社會現象。

第4章

隱藏在時代中的暗號

鬼出現在時代交替前後

過去也曾有過「打鬼」風潮

二〇二〇年《鬼滅之刃》席捲全日本。這雖然是非常古典的「打鬼」故事，但在這科學已高度發展的現代社會當中會大為風行，多少令人覺得有些奇妙，其實過去也曾有過「打鬼」風潮。

在古書典籍當中記載許多與鬼相關民間故事的，包含《日本靈異記》《今昔物語集》及《宇治拾遺物語》等。從書籍的年代來思考，這些書都是在時代有非常大的轉變時出現的。《日本靈異記》一般認為是在九世紀初期寫成，也就是在平安京遷都（八世紀末）之後。五十代天皇桓武天皇不顧周遭反對，堅持從平城京遷都至長岡京，由於不斷發生天災，因此十年後就放棄長岡京，於七九四年再次遷都至平安京。桓武天皇的時代也因為解散軍事組織導致治安惡化，因此於「日本靈異記」成形的景世紀初期，也設立了檢非違史這種警察組織。

而《今昔物語集》則大約成書於十二世紀初期。在《今昔物語集》當中，記載了十一世紀後半遠征東北地區的前九年之役以及後三年之役。東北地方位處京都的鬼門方向，因此不服從朝廷的東北居民就被當成了鬼。另外，第一個由武士建立的政權——鎌倉幕府成立沒多久後，十三世紀初期就編撰了《宇治拾遺物語》。

這些記載著鬼故事的典籍，除了編撰時期的鬼事話題以外，也會記載從前發生的鬼怪事件。因此編撰這些典籍的時代，想必人人都非常在意鬼的存在。而離現代最近的一次打鬼風潮，則是幕末到明治初期，本書當中刊載與鬼有關的浮世繪，也多半是這個時期繪製的。

為何這些時代都會產生「打鬼」風潮呢？正是因為時代才剛發生了重大的變化。遷都平安京、權力由皇族轉向武士、政權由德川幕府交回明治政府手上等，都是時代上有著革命性變化的時期。

「疑心生暗鬼」而產生鬼

有句話叫做「疑心生暗鬼」，這句成語是表示「對於事情抱持懷疑的態度，以至於看見了並不存在的鬼」。在世間不穩定的時代交替前後，人們的心理狀態就是不知道何者正確、何者有誤，感到難以判斷而變得疑神疑鬼。這種若有似無的不安感，就會投射為「鬼」這種肉眼可見的角色。在時代交替時，鬼的故事會吸引人，正是因為將自己的不安與鬼重疊在一起而深有同感。

另外，在時代交替時也確實會產生很多「鬼」。鬼是危害人類的存在。在時代產生巨大變動的時候，就會產生沒能跟上變化的人，或者因為那些變化而貧困潦倒的人。在這些人當中，自然會有人涉足犯罪，或者拒絕變化。這些抵抗時代變化之人（＝鬼），正是危害人類的存在。

《鬼滅之刃》大受歡迎的兩項理由

《鬼滅之刃》會大受歡迎，也與時代交替有非常大的關係。《鬼滅之刃》在連載初期雖然已被評論為佳作，但在擁有大量作品的《週刊少年 JUMP》當中並沒有特別突出、獲得壓倒性的支持。會開始大受歡迎，起因是二〇一九年四月起開始播放的動畫版。動畫開播前的累計發行冊數為三百五十萬冊，但在動畫結束的半年後迅速增加到一千兩百萬冊。而這個時期正是歷史轉捩點，在動畫播放中期，五月一日由平成改元為令和。

對於許多人來說，「江戶時代」就是武士及江戶文化；「昭和時代」就是戰爭和高度經濟成長，大家對於每個時代都有著固有的印象。但是一旦改元，就表示整個印象都要改觀。實際上還是二〇一九年，但卻陷入了自己踏入「令和」這個未知時代的感受。

《鬼滅之刃》還有另一個大受歡迎的理由，正是二〇二〇年開始於全世界流行的新型肺炎。在第三章當中已經解說過鬼象徵著疫病的歷史，因此除了日本人原先傳統中就有「鬼＝死（疫病）」這樣的概念外，新型肺炎也造成民心不穩、為生活帶來新方式等變化。

從二〇一九年十二月三十一日新型肺炎報導開始，《鬼滅之刃》更加快速地抓住人心。在二〇一九年十二月時累計發行冊數為兩千五百萬冊，但到了二〇二〇年十二月時已經超過了一億兩千萬冊，同時電影版的《鬼滅之刃無限列車篇》也大為賣座，因此讓本作成為全國聞名的作品。

為何鬼殺隊與鬼當中有許多女性？

帶著嫉妒之心而活生生成為鬼的女性

在《鬼滅之刃》當中有許多女性的鬼，像是上弦之陸．墮姬和故事後期升級至上弦之肆的鳴女等。由於大家認為女性遠比男性要來的重情，因此在典籍當中有許多提到因愛生恨而化身為鬼的女性故事，最典型的範例就是「丑時參拜」化身為鬼的女性故事。

在《平家物語》當中有這樣一個鬼故事。有個非常善妒的公卿之女前往貴船神社參拜，花費七天繭居該處，祈禱著「希望能活著變成鬼」。於是貴船大明神下了神諭，傳授她成為鬼的方法。她將頭髮分為五束後以松脂固定為髮髻，將臉及身體都塗抹成紅色的。之後將金屬炭火架放在頭上，同時綁上兩支火炬，口中也銜了一支火炬，在水中浸泡二十一天之後，便活生生成為鬼。這位鬼女之後棲息在羅城門（羅生門）上，後來被源賴光的部下渡邊綱斬去手臂。

會有女性成為鬼的故事，是由於當時的女性並沒有復仇的手段。她們大多受到家庭及丈夫的束縛，大家要求她們什麼事都得忍受下來，因此累積的情緒便化為想成為鬼的念頭。

在介紹蛇柱伊黑小芭內出身的第一八八話當中，出現一個下肢是蛇般的女鬼——蛇鬼。伊黑一族會將嬰兒獻祭給蛇鬼，讓蛇鬼去殺人奪財，藉此維生。

在典籍當中也有其他因為各種心思而化身為大蛇的女性，當中最有名的就是《今昔物語集》以及淨瑠璃劇《道成寺現在蛇鱗》等作品中的清姬。延長六年（九二八）有一位名為安珍的美貌僧侶在前往熊野參拜時的路上，於熊野國造庄司清次的宅邸借宿。清次的女兒清姬對安珍一見鍾情，因此逼迫對方立誓要與自己

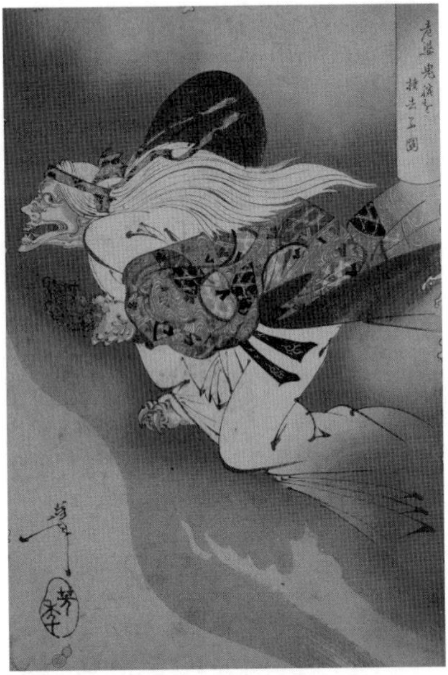

新形三十六怪撰「老婦取走鬼腕之圖」
羅城門的鬼女被渡邊綱斬斷手臂之後，化身為綱的叔母取回自己的手臂。

結縭。安珍表示「參拜結束後我必定會回來」後便離開，卻再也沒有回來。即使如此，在清姬的執著下，她得以再次見到安珍，但安珍卻表示「妳認錯人了」而再度逃走。愛恨情緒都極度高漲的清姬，化身為一條口吐火焰的大蛇。安珍害怕地逃走，躲在道成寺的大鐘裡，而化身為大蛇的清姬就將身體纏繞在大鐘上，將安珍活活燒死了。

在《鬼滅之刃》當中，小芭內原先是要獻給蛇鬼的祭品候補，也有著異於常人的執著，與清姬對於安珍的執著有著共通之處。

女性開始走入社會的大正時代

鬼殺隊有許多在前線活躍的女性成員，如蟲柱胡蝶忍、戀柱甘露寺蜜璃等。在《鬼滅之刃》故事發生的大正時代，也是個女性開始走入社會的時代。在餐廳或咖啡廳工作的女侍、在百貨公司工作的櫃姐、公車車掌等，這些在外工作的女性被稱為「職業婦女」。但是她們的工作大多是勞動身體，很少有女性從事教師、醫師、律師這類傾向動腦的工作。

明治維新之後曾提出好幾個解放女性的政策。舉例來說，江戶時代女性不可自由通行的關所遭到廢除、山川捨松和津田梅子等五位女性也得以前往美國留學。但是這類女性解放政策也受到相當大的反彈，而不得不稍微收斂一些。甚至在明治十八年（一八八五）時文部大臣森有禮還發表聲明表示：「應將賢妻良母教育作為國之方針。」並且將基於此方向的指導要領分發給全國女校。

大正時代有平塚雷鳥（或寫作平塚明子）等女性解放運動家，也成立了日本第一個女性團體——新婦人協會。當時要求女性獲得參政權的運動也非常興盛，但戰後才得以達成此目標。

大正時代化妝品也已經非常普遍，廠商們紛紛開發口紅、指甲油、香水等商品。另外，只由女性演出戲劇的寶塚歌劇團也是在大正時代成立的。雖然當時仍強烈殘留對女性的既定印象，但是各種女性文化已開始開花，也有像鬼殺隊女性成員那樣，活躍程度絲毫不在男性之下的人。《鬼滅之刃》當中有許多女性角色，正是因為故事發生在大正時代，那是「女性」於各式各樣場景中都非常顯眼的一個時代。

由不死川玄彌看大正時代的火器

以槍作為主要武器的不死川玄彌

炭治郎一行人在要搭上無限列車的時候，聽見站員吼叫著：「他們有帶刀……！警察，快叫警察！」（第五十四話）。日本刀從前雖然是武士的象徵，但到大正的時候，只不過是拿著走在路上，就會被視為犯罪行為。但是在《鬼滅之刃》當中，卻出現了打倒鬼專用的武器「日輪刀」。使用陽光山所開採的猩猩緋砂鐵及緋礦石為原料製成，能夠將鬼斬首、打倒他們。

幾乎所有的劍士都是持劍戰鬥，但是與炭治郎同期的劍士──風柱．不死川實彌的弟弟不死川玄彌，卻將槍也當成自己的武器來使用。他雖然能在吞食鬼後使用對方的能力，卻無法使用「全集中呼吸」。由於無法使用「呼吸」，因此他的日輪刀不會變色、劍技也稱不上優秀。哥哥實彌會對弟弟玄彌萬分冷淡，還試圖逼迫他離開鬼殺隊，也是為了弟弟著想。

槍砲彈藥規範漸趨嚴格的大正時代

由於玄彌無法完善使用日輪刀，因此將大口徑的外來槍作為主要武器。子彈一樣使用日輪刀原料中的猩猩緋砂鐵，因此也能對鬼產生效用。在無限城之戰中，他吞食了上弦之壹・黑死牟的頭髮與刀子，因此讓槍「進化」為有多隻眼睛的樣貌。這讓中槍的黑死牟身上的槍彈生長出樹木，成功阻礙了黑死牟的動作（第一七三話）。

大正時代，軍隊使用槍枝作為標準武器。自明治十三年（一八八〇）村田槍開發成功起，國產槍枝也逐漸進化發展出三十年式步兵槍、三八式步兵槍等。即使如此，鬼殺隊中用槍的卻只有玄彌一個人。當時的日本已於明治三十二年（一八九九）頒布槍砲彈藥類取締法，因此針對槍砲以及彈藥類製造及持有都有嚴格規範。鬼殺隊是未經政府認可的組織，也許他們並不容易拿到槍吧。

由珠世、胡蝶忍看大正時代的女醫

治療鬼殺隊成員的女性們

珠世雖然被鬼舞辻無慘給變成了鬼，卻還是努力摸索開發著讓鬼變回人類的治療藥物。她活用醫學知識解除無慘的詛咒，也以一個醫師的身分執業。

另外，蟲柱胡蝶忍除了執行自己身為「柱」的戰鬥工作以外，也在宅邸用地內設置治療設施，負責治療隊員們。忍雖然精通藥學，卻沒有提到她自稱為醫師。但是她能為炭治郎醫治下巴、縫合伊之助的傷口等，進行簡單的診療及縫合手術。

日本的醫學在江戶時代以前，主要以漢方等東洋醫學為主。但是幕末便正式引進西洋醫學，進入明治以後則以德國醫學為主流。第一次世界大戰開戰後，由於德國成了敵國，造成醫療用品進口困難，也因此推動了醫療器材及醫療用品的國產化。但是能夠成為醫師的幾乎都是男性，女性醫師屈指可數。社會上對於「女性應該要守著家裡」的認知根深蒂固，甚至有人提出「女性成為醫師之後很多人會維持單身或者晚婚，如此一來會導致國家毀滅」這種「女醫亡國論」。

日本人女性當中第一位擁有國家資格的荻野吟子，是在東京女子師範學院以首席之位畢業之後，又於私立醫學院的好壽院帶著優異成績畢業。但因為「並無女醫前例」而一直無法參加醫術開業考試。不過她終究在醫術開業考試成為國家考試的第二年，也就是明治十八年（一八八五）時通過考試，三十四歲時開立了產婦人科荻野醫院。

明治三十三年（一九〇〇）時設立了日本第一所女醫培訓機關——東京女學校（現在的東京女子醫科大學），兩年後為了提升女性醫師的社會地位，還發起了日本女醫會。

明治末年為止，日本國內登錄有醫師資格的女性，包含外國人約有兩百四十人，但是到了昭和二年（一九二七）時已經增加至一〇二六人，現在全國醫師則約有兩成是女性。

為何斑紋者出現在大正時代？

斑紋的真相是死後初期現象「屍斑」

在《鬼滅之刃》當中，使用「全集中呼吸」將心跳及體溫異常提升之後，身體會出現獨特的「斑紋」。身上出現斑紋的人便稱為「斑紋者」，出現的條件是心跳超過兩百、體溫三十九度以上（第一二九話）。一旦出現斑紋，除了身體能力大幅提升以外，所受的傷害或損傷也會比恢復得比平常快。但是這對身體來說是個沉重的負擔，因此據說除了少部分人以外，大多數人活不過二十五歲。為何會出現斑紋並無定論，但在第一二八話當中提到「和鬼身上的花樣非常相似」，可見與鬼有某種程度的關係性。

斑紋本身雖然是漫畫當中的設定，但是日文在法醫學的領域中，也有使用「鬼」這個字眼。這是用來指稱人類的身體在死後腐敗、白骨化的過程時顏色的變化情況。腐敗會造成「青鬼現象」、腐敗氣體造成屍體膨脹或巨大化則為「赤鬼現象」、乾燥狀態是「黑鬼現象」、白骨化則稱作「白鬼現象」。這些都是屍體的後期現象，而最一開始發生的初期現象正是「屍斑」。這是人類在死亡後，血液聚集在底部而出現的花紋，有紅色、褐色及深綠褐色。

鬼是超越死亡的存在，反過來說也可以認為他們是「已死之人」。在《鬼滅之刃》當中也有出現在臉部有刺青花樣的鬼，或許也是代表屍斑的意思。也就是說，斑紋讓人類盡可能接近鬼的狀態。

明治、大正時代的超能力風潮

《鬼滅之刃》是虛構的故事，身上出現斑紋當然也是虛構的。但是，在故事發生的明治末期到大正時代的日本，當時非常風行靈異現象、催眠術這類超自然現象。接二連三有人表示自己是超能力者，當中最為有名的就是因為「千里眼事件」而一舉成名的御船千鶴子。

所謂「千里眼」是指能夠看見遠方事物的超能力，據說隸屬天部的神明廣目天就具備這樣的能力。千鶴子出生於明治十九年（一八八六），由於被義兄清原猛雄施以催眠術告知「妳能夠透視物體」獲得優秀成果，因此開始以千里眼透視人體來進行「治療」。

御船千鶴子

日本一流學者們檢驗御船千鶴子透視能力的真偽。

之後大學教授們也開始研究她的能力，當中最為致力的便是東京帝國大學研究催眠術的助教福來友吉。明治三年（一九一〇）四月，福來與京都帝國大學教授今村新吉連袂拜訪位於熊本的千鶴子，進行一場公開的透視實驗。第一次雖以失敗告終，但在修正方法之後便成功了，千鶴子也因此一舉成為名人。

但是有許多人懷疑她的能力，展開一場真假辯論。同年九月千鶴子來到東京，在物理學權威東京帝國大學前校長山川健次郎的見證下，進行透視鉛管內文字的實驗。千鶴子透視成功了，但後來卻發現福來偷偷更換了實驗工具。因此千鶴子遭到猛烈的抨擊，於翌年一月服毒自殺，也有人認為她是因為與父親發生金錢糾紛而自殺的。

和千鶴子同時期，有一位出身香川縣的主婦長尾郁子，也因為具備透視及念力而受到矚目。福來友吉風聞她的能力，也協助她進行公開實驗，但似乎有許多可疑之處，因此她也成為抨擊的對象。

即使如此，福來仍舊不放棄，之後又表示有一位名為高橋貞子的女性具有透視及念力，在大正二年（一九一三）進行公開實驗，但這次的實驗也引發學者們的反彈及批判，貞子和丈夫便一起回到故里岡山。福來被稱為「騙子」「詐欺師」且遭到學會流放，之後便在自己的研究所當中埋頭研究神祕學研究。晚年他發掘一位據說可以念力拍攝月亮背面的三田光一，但已經沒有人理睬他。之後比對NASA（美國國家航空暨太空總署）發表的月亮背面照片，三田的照片看來有點像，卻又不太一樣。

在《鬼滅之刃》當中，大正時代初期出現了許多有著身體能力驚人的斑紋之人，而無論真偽，當時也是個傳說有許多超能力者的時代。

由童磨看大正時代的新興宗教

在「萬世極樂教」任職教祖的上弦之貳・童磨

上弦之貳・童磨雖然是個鬼，卻在「萬世極樂教」這個宗教團體中擔任教祖一職。表面上看來非常開朗、和氣接待所有人，但其實是個對於他人痛苦及感情皆感不痛不癢的精神異常鬼。在《鬼滅之刃》當中的鬼，大多在仍身為人的時候都有著真性情，但以童磨來說，他還是人類的時候就有著這樣的氣質。他那與女性信徒發生關係的父親遭到母親多刀刺殺身亡，而母親也服毒自殺，但他卻只想著「為什麼要弄髒房間啦」「血的味道好臭，得趕快通風才行」（第一四二話）。

童磨的父母所設立的萬世極樂教將設施稱呼為「寺院」，且極樂是指阿彌陀佛的淨土，因此可推測出是個佛教系統的新興宗教。另外，童磨說「我在二十歲的時候就成為鬼，活了一百年以上」，因此能夠知道這是個在江戶晚期出現的宗教（第一六三話）。

江戶時代的宗教全都被置於寺社奉行的管轄之下，人們有義務要向某間寺廟登記為檀家（寺請制度：政府規定每家每戶都登記在某個寺院之下，出生、搬遷、嫁娶、死亡都必須向該寺院申報，換句話說就是由寺廟管理戶籍。同時由於無法任意更換寺院，因此也沒有選擇墓地的自由）。因此形式上來說，所有人都是佛教徒。話雖如此，德川家康被供奉在日光東照宮中作為神明祭祀，因此基本上也認可神道教的存在，但是這個時代的神道教與佛教並無明確區分，在同一片土地上同時有神社和寺廟之事並不稀奇。

這個時候在歐洲的基督教社會正風行「狩獵魔女」，但在日本除了禁止信仰基督教以外，基本上是允許信仰自由的。

明治時代產生巨大變化的日本宗教界

進入明治時代以後，國家為了提倡王政復古，因此開始試圖推動神道教成為國教。在神佛分離令的規範下，神社和寺廟被迫分開，也禁止兼任神職人員與僧侶。

明治政府的神佛分離令原先目的只在區分出神道教與佛教，並沒有排斥佛教的意思。但是全國各地卻都發生了破壞佛像、佛具及寺廟的廢佛毀釋運動，使佛教遭受非常大的打擊。會發展成如此激烈的運動，據說也是因為佛教界先前享有特權、過於安逸，因此遭到民眾激烈反彈。

另外，明治政府雖然模仿江戶幕府禁止基督教，但是為了要讓國家得以發展，富國強兵、增殖興產這些政策無論如何都需要西洋各國的協助，因此明治六年（一八七三）時廢除了針對基督教所下的禁教令，廢佛毀釋的運動也開始收斂，也就比較能夠自由選擇宗教。

另一方面，在動盪的時代當中，總會接二連三出現新興宗教。以自身的教誨及宗教教義來增加信徒的神道系統新興宗教團體稱為「教派神道」，明治四十一年（一九〇八）政府共認可十三派系（黑住教、神道修成派、大社教、扶桑教、實行教、大成教、神習教、御嶽教、神道本局、神理教、禊教、金光教、天理教）。

大正時代遭受壓迫的大本教

教派神道的走向各式各樣，當中扶桑教、實行教、御嶽教等為「立足於山岳信仰的教團」；「基於教祖個人教誨集結而成的教團」則區分為黑住教（黑住宗忠）及金光大神（川手文治郎）所設立的金光教等。除此之外還有大社教及神理教等「復古神道系教團」；重視鍛鍊身心的教理及實踐方面的「禊教教團」禊教及神習教；以及「融合儒道教誨與神道要素的教團」神道修成派和大成教等。

在廢佛毀釋運動中遭受重大傷害的佛教界也面臨改革，在江戶時代前禁止娶妻、蓄髮及葷食等，自此不再受到約束。另外也誕生了如念法真教及本門佛立宗等新興佛教教團。

明治、大正時代，政府並沒有針對新興宗教進行管制。但是大本教崇敬的是比天照大神更高位的神明，宮中人員及陸海軍將校中也有大量信仰者，卻因為「會威脅到現神人天皇宗教的權威」，而在大正十年（一九二一）受到迫害。據說迫害的理由，可能是針對二代教祖出口王仁三郎的警戒心。

上弦之貳・童磨非常狡猾，從不曾露出奸險面貌，因此信徒越來越多。但他卻在背地裡吃了信徒，做出不容於天理之事。

由產屋敷耀哉看大正時代的華族

活用先見之明籌措鬼殺隊的活動經費

產屋敷家是統領鬼殺隊的一族，故事中的產屋敷耀哉是第九十七代當家之主。他與鬼舞辻無慘是同一族出身，由於前仆後繼出現像無慘這樣的人，因此一族之人都背負著短命的詛咒（第一三七話）。耀哉也不例外，年僅二十三歲便臥病在床。

另外，鬼殺隊的活動經費及薪水等也都是由產屋敷家籌措來的，資金也都是由歷代當家主人支付。歷代當家主人具有看透未來的能力，因此能夠活用此點來生財。雖然不知道他們是以何種形式獲得財富，但是產屋敷的當家主人也有著「經營高手」的一面。

鬼舞辻無慘與產屋敷家是同一族的人，從平安時代的描寫中看來，可以知道他們屬於貴族階級。因此可以推測產屋敷家是平安時代起就存在的貴族（公家）末裔。

進入明治時代以後，公家及大名家之人皆位列華族，因此產屋敷家應該也是華族的一員。華族之家的當家之主會被授予爵位（公爵、侯爵、伯爵、子爵、男爵），可成為貴族院的議員、且爵位為世襲，擁有許多特權。

但並非所有華族都非常富有，當中也有經濟貧困的家庭。但是要維持華族身分的體面感需要非常多支出，因此對於中級以下的舊公家華族來說，其實非常嚴苛。當中也有許多家庭因為不明社會事理，結果遭到詐騙。產屋敷家若是一個不小心也很有可能會沒落，但是靠著歷代當家主人的先見之明，因此具備能夠供養鬼殺隊的資金。

像產屋敷家這樣自立自強打造財富的華族也很多，有些人設立銀行、或者成為某公司的大股東等，也為日本經濟近代化貢獻良多。另外也有華族投身政治，最具代表性的人物就是第三十四、三十八、三十九代內閣總理大臣近衛文麿了。

專欄

暴發戶的出現與貧富差距的擴大

「貧富差距」這個詞彙本身是在近代才變得普遍，不過《鬼滅之刃》故事背景中的大正時代日本，是比現在還要嚴重的「貧富差距過大的社會」。

明治維新以後，日本急遽進入工業化，因此居住在都市區域的人民生活開始變得富足。但是居住在農村的人，他們的生活形態卻與江戶時代並無兩樣，為了減少人口帶來的壓力，有許多孩子被送往都市。另外也有許多到了都市卻無法找到工作，因此過著貧困生活的人。戰前的日本在都市有所謂「貧民街」，居住在該處的人在極度不衛生的環境當中吃著殘羹剩飯。

另一方面，也有因為事業獲得極大成功而忽然搖身一變成為有錢人的「暴發戶」。由於第一次世界大戰爆發而出現了船隻暴發戶、鐵礦暴發戶、絲線暴發戶等，在這些人當中有些會到處蒐購高級商品、或者態度傲慢，因此成為貧困人民的厭惡對象。戰爭結束後景氣忽然下墜，因此破產失敗的「暴發戶」也不在少數。

第5章

隱藏在花紋圖樣中的暗號

由花紋圖樣了解角色特徵

每個角色不同的花紋圖樣

現在只要提起黑綠相間的格子——市松紋樣，應該任誰都會想到竈門炭治郎穿的羽織吧？甚至還會看到有人戴著這被稱為「炭治郎花色」圖樣的口罩。世界上有各式各樣的圖樣設計，如格子或者變形蟲等，但並沒有其他國家的花樣像日本這樣多。在《鬼滅之刃》當中也有許多傳統圖樣，只要能夠明白這些圖樣的意義，也能更進一步了解該角色的特徵。

鬼殺隊雖然穿著西式服裝，但有許多角色會在隊服外頭套上一件羽織外套，而這件羽織的花色就表現出他們的個性。在「大正悄悄話」當中也曾經介紹過每個角色的圖樣，因此能夠確定圖樣並非隨興使用，而是隱藏了每個角色的訊息。

圖樣上蘊藏著靈性力量

圖樣的歷史比文字的誕生還要古老，最早是使用指甲或小刀在土器上刻出的「爪形紋」，受到全世界讚揚的繩紋土器，則是使用繩子及貝殼打造出「撚系紋」「多繩紋」及「貝殼紋」等。日本在接納佛教傳承以及海外流傳來的圖樣之後仍繼續進化，進入社會太平的江戶時代以後，圖樣數量便有爆發性成長。

在日本，圖樣並非單純的設計，而是立足於日本對於八百萬神明的信仰，也就是認為所有東西都有著靈力。人所說出來的話語本身具備能夠化為現實的力量，這是「言靈信仰」，而圖樣也被認為不同花樣也都有著能夠影響人們的靈力。

火焰型土器

繩文時代打造的土器，象徵火。一般認為火焰具有祛魔的力量，而煉獄杏壽郎便穿著火燄花紋的羽織。

竈門炭治郎的石疊紋

「市松」這個名稱來自江戶時代的歌舞伎演員

《鬼滅之刃》的主角竈門炭治郎的羽織花樣是黑綠相間的格子——「市松紋樣」，在粉絲之間被稱為「炭治郎花樣」，由於作品大受歡迎而引起矚目。市松紋樣的口罩也在年輕人之間蔚為風行，也讓大家有重新審視日本傳統技術的機會。

市松紋樣是兩種不同顏色的正方形或者長方形格子交錯排列而成。在古墳時代的埴輪服裝上、法隆寺及正倉院中的染色織品中也都有這種圖樣，因此是從古代就有的。英文把這種花樣稱為「checker」或者「check」，是因為西洋棋的棋盤也是這種花色。由於名字來自棋盤，因此據說也可以掌控勝負運勢。賽車運動中在終點線揮舞的格子旗也是雙色正方型（基本上是黑白）或長方型交錯的花樣。

這個圖樣被稱為「市松」是從江戶時代中期左右開始的。這是由於當時一位名叫佐野川市松的年輕歌舞伎演員，他有時也演女角且非常受歡迎。寬保元年（一七四一），市松在江戶的中村座演出「心中萬年草（高野山心中）」的小姓粂之助一角大為賣座，而當時他穿的是白色與深藍色正方形交錯圖案的袴褲。因此對於時髦非常敏銳的江戶女性之間，開始大為風行這種圖樣，紛紛穿起了石疊紋樣的小袖。

江戶時代的歌舞伎對於平民來說是最大的娛樂，演員可說是超級巨星。他們的一舉手一投足都會吸引眾人目光，因此描繪出演員姿態的畫像也非常受歡迎。畫像上除了歌舞伎演員們平常在舞台上的樣子以外，也會描繪一些他們在後台的樣子、或者日常生活的樣貌，就像是現代的偶像照片一樣。演員畫中描繪的偶像演員髮型、穿戴的東西、和服花色和腰帶打結方式、鞋子等，都會大為流行。江戶時代的歌舞伎演員，也可說是當時的時尚教主。

代表江戶時代的畫家也曾經描繪過佐野川市松的姿態，如奧村政信、鳥居清重、

石疊紋（市松紋樣）

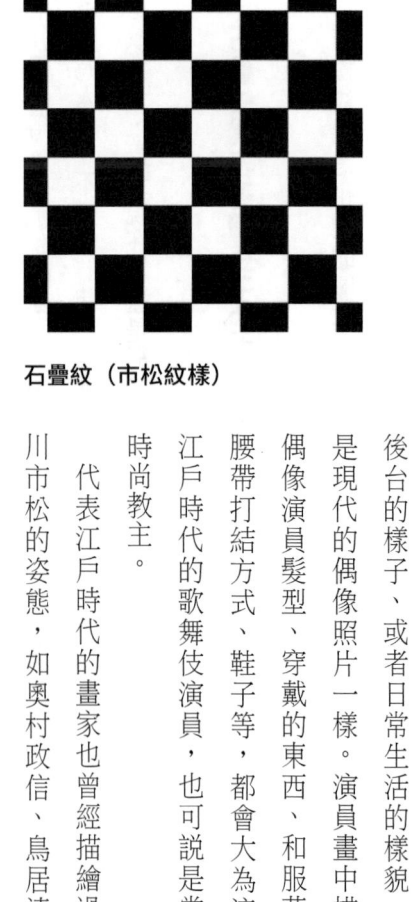

石川豐信等。由於他們畫出正方形交錯的圖樣，因此「市松（穿的）紋樣」也就廣為人知。不知何時起，這種花樣就被稱為「市松紋樣」「市松格子」「元祿紋樣」，直到現在都還是很受歡迎。

石疊紋代表著禰豆子的守護者

市松紋樣是相同的圖案上下左右連綿沒有盡頭，因此被認為有著子孫繁榮、生意興隆等意義。東京奧運及殘奧二〇二〇的徽章上也採用這種圖案而引起大家討論，決定使用這種花樣的原因之一正是它所代表的「永遠」「發展」「繁榮」等正面意義。順帶一提，奧運徽章中的市松紋樣採用三種方形來組合而成，這是用來代表國家、文化及思想的不同。這是加入了「即使有所不同，還是能夠超越相異之處結合在一起」的訊息，表現奧運的「多樣化及調和」。

市松紋樣原先因為是將使用自然石塊鋪裝而成的路面化為圖案，因此也被稱為「石疊」「霰」等。石疊——也就是石板，是用在城裡或神社當中的。在第二章曾經提到，禰豆子象徵著巫女，負責連結肉眼所無法見到的存在（神及鬼）與人類，而石疊紋正是用來表現出走向禰豆子這個神聖的存在、通往神社御神體的參拜道路。另外還有垂直排列的線條，這個圖案也與「九字咒」的形狀非常相似，據說此咒有袪魔的力量。九字咒是念誦「臨．兵．鬪．者．皆．陣．列．在．前」九個字的咒語，讓惡鬼或怨靈遠離自己的護身咒。可說是非常符合炭治郎——禰豆子守護者的圖樣。

竈門家會執行「火之神樂」這種神事，要從正月的日落起不斷跳著神樂舞到第二天早上，或許也是為了祈禱竈門家永遠繁榮，才會穿著這個圖樣。另外，據說市松紋樣也有袪魔的力量，想來炭治郎兄妹能夠度過無數戰鬥，也是受到這個圖樣的保佑吧。

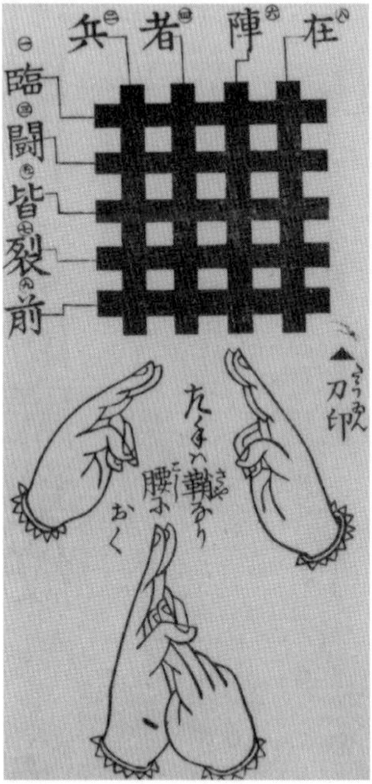

九字護身法（九字咒）

此為袪魔的咒語，用手指畫出上下左右共九條線，會成為石疊紋的圖樣。

竈門禰豆子的麻葉紋

神社使用的神聖植物

攻擊竈門炭治郎與禰豆子兄妹的鬼舞辻無慘、向上弦之陸・墮姬描述禰豆子的樣貌是「穿著麻葉圖樣和服、搭配市松花樣腰帶的女孩」（第八十三話）。禰豆子雖然並不一定永遠穿著這件衣服，但她的確從小時候就常穿麻葉圖樣的和服。

這種圖樣是以正六角形為基礎打造的幾何學圖樣，因為形狀與麻葉非常相似，因此被稱為「麻葉紋樣」。平安時代這種圖樣就被用來裝飾佛像，室町時代會出現在建築、雕刻、染色織品等，有許多範疇的東西上都有麻葉紋樣，家徽當中或者神紋中使用麻葉圖樣的也不在少數。

由於亞麻直挺挺的成長非常快速，因此麻葉圖樣蘊含著「希望孩子能夠正直長大」的願望。另外，蟲子不太會靠近麻葉，因此也具有祛魔及除厄的效果。由於這些因素，麻葉紋樣經常被使用在兒童的和服、內衣褲和產婦服裝上。過去兒童死亡率很高，因此父母真心希望能夠好好將孩子養大。

禰豆子在年幼時都穿著麻葉紋樣的和服，想來也是父母希望她能夠好好長大。在《鬼滅之刃》第三話的回想故事當中，炭治郎看到禰豆子在修補已經有些小件的麻葉紋樣和服時詢問：「買新的吧？」禰豆子卻說：「我喜歡這件。」而加以婉拒。由於竈門家的財務狀況看來實在並不寬裕，禰豆子可能也因此非常珍惜自己身上的麻葉紋樣和服。

全國神社都有來自伊勢神宮頒發的御神札，稱為神宮大麻。由此可見亞麻與神社的關係有多深，除了使用在注連繩上以外，也會做為祛邪的工具，麻也是用來聯繫神明的神聖植物。由於禰豆子是象徵巫女的角色，想來也是因此而讓她穿上麻葉紋樣的服裝吧。

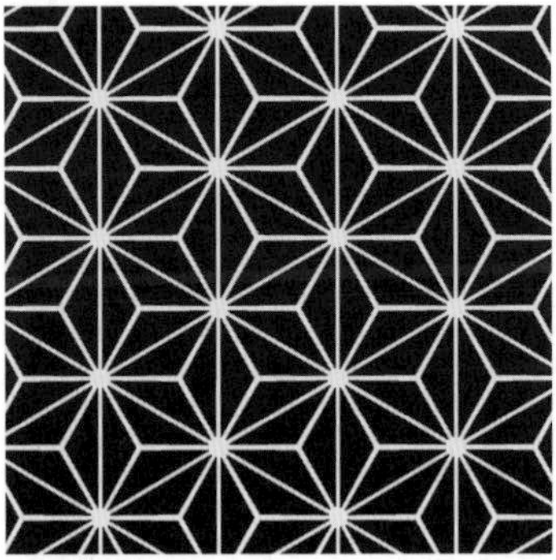

麻葉紋樣

我妻善逸的鱗紋

具有祛魔等咒術性質的紋樣

我妻善逸的羽織圖樣，是以正三角形或等邊三角形上下左右連續的「鱗紋樣」變化後打造出來的圖案，這是由於形狀看起來像是魚、蛇或者龍鱗而有此名。善逸的羽織上三角形看起來是隨意灑下的，但方向卻非隨機、而是朝同一個方向。

鱗紋樣是自古便有的圖樣，彌生時代的土器、銅鐸；古墳時代的埴輪和古墳中的牆面上都有連續的三角形圖樣。另外，鱗被認為是具有強烈咒術性的物質，由於過去人們相信死者的靈魂會化身為蛇出現，因此為了祈求保護死者，會將這種花紋放在埋葬品上。鱗紋有著祛魔的力量，因此鎌倉時代也會用來裝飾武器及戰鬥服裝。江戶時代認為會脱皮的蛇以及蝴蝶，都有著「除厄以後重生」的意象，因此將其作為除厄的紋樣。

在能樂及歌舞伎當中，鱗紋則用來作為象徵女性執著的花紋。歌舞伎的

「京鹿子娘道成寺」當中，化身為蛇的清姬就穿著鱗紋樣的服裝。現代的和服、襦袢（和服的內衣）、伊達卷（軟質布料做成的腰帶）等和服用品上也還經常看到鱗紋樣。

鎌倉時代職掌幕府政權的北条家，也是以三個正三角形疊起來的「三鱗」作為家徽。據說這是由於北条家的當家主人前往江之島參拜弁才天神的時候，接受了龍之化身的女神祝福。三鱗紋樣是來自龍鱗圖樣，也被認為有子孫繁榮及除厄的意義。

鱗紋

而一般認為龍與雷有著密不可分的關係，因此象徵龍的鱗紋與雷自然有著密切的關係。善逸的師傅桑島慈悟郎使用的是「雷之呼吸」，身上穿著和善逸顏色不同但花色相同的羽織。另外，善逸的頭髮據說是因為被雷擊中才變成金色，可知善逸與雷有著某種程度上的關係。也許為了表現出這點，因此他的羽織才會使用鱗紋。

伊黑小芭內的縞紋

從黑白縞紋樣聯想到八丈島上的過往

蛇柱・伊黑小芭內的羽織是黑白兩色構成的條紋（縞紋），英文稱為「stripe」，不管是寬度還是顏色數量等都能有無限種搭配方式，在日本也是非常受歡迎的設計。順帶一提日文中把橫的條紋稱為「border」，這是日本獨特的稱呼方式（英文的 border 其實是表示邊緣或邊界）。上下有黑色界線的圖樣在大正時代以後，經常用於喪事當中。小芭內幼年時期被關在監牢當中，他的黑白條紋圖樣羽織總讓讓人聯想到他那悲傷的過去。

日本開始大為流行縞紋樣是在江戶時期，正式傳入日本據說是在十六世紀前後。由於南蠻貿易活動，條紋圖案的絲織品和棉織品進到日本，被稱為「島嶼商品」。日文中的「島嶼」讀作 SHIMA，之後便用同音字的「縞」來稱呼。日本從前就有縞紋樣這個圖案，在正倉院及法隆寺中也有縞紋樣的染色織物。在被稱為「縞」之前，都是叫做「筋」或者「間道」。

小芭內出身八丈島，是代代只生下女孩的家族。這是由於八丈島有個只有女性居住的女護島傳說。另外，八丈島也是縞紋樣織品「八丈」的產地。八丈當中最有名的就是使用刈安（一種芒科草類植物）染成黃色的黃八丈，這是進貢給幕府的高級布料。由於大名會賞賜給醫生或者城鎮當中的有力人士，因此也受到庶民的矚目，而開始大受歡迎。

伊黑家靠蛇鬼強搶來的金錢維生，相對地他們必須把生下來的孩子送給蛇鬼吃，因此小芭內將自己的族人稱為「骯髒血族」（第一八八話）。由於小芭內逃亡，導致蛇鬼殺害了大量伊黑家人，在小芭內的心上刻下巨大傷痕。小芭內身上穿的縞紋想必正代表著故鄉八丈島的黑暗過往吧。

縞紋

富岡義勇的龜甲紋

以兩種布料製成的「片身替」羽織

水柱．富岡義勇身上穿的羽織，是由兩種不同的布料所製成的「片身替」設計。從前的布料非常貴重，因此和服就算有所損傷或破裂，也不會馬上被丟棄。好幾件舊衣服都拆開來以後，把損傷較少的部分接在一起，重新染色或者縫補過後，再做成一件衣服。到了桃山時代，原先只是節省布料的片身替，成為一種時尚打扮。

義勇的羽織右半邊是沒有花樣的素面葡萄色布料，左半邊的圖樣則有些特別。設計上看起來是將立方體重疊在一起排列，但其實是將正六角形圖案化成非常獨特的「龜甲紋樣」。龜甲紋是起源西亞，由中國傳到日本的紋樣，由於正六角形相接的圖形很像烏龜的甲殼，因此稱為「龜甲」。這種圖樣在英文中被稱為「beehive pattern（蜂巢圖樣）」，因此也有些人認為圖形並非來自龜甲而是蜂巢。

日本有句俗話說「鶴千年、龜萬年」，自古以來烏龜就是象徵長壽的生物。因此龜甲紋被認為是祈禱健康長壽的圖樣而大受歡迎，而且圖案上只是將六角形連續排列在一起、非常簡單，當中還可以再描繪其他圖案，因此產生了各式各樣的紋樣。

這款龜甲紋樣，和前水柱鱗瀧左近次門下與他一同修練的錆兔和服花紋相同。錆兔是義勇同時期的好朋友，但是錆兔在選拔考試當中為了拯救義勇等人而獨自面對鬼，結果丟了性命。這件事情讓義勇的人生蒙上一層陰影，但他努力面對這個失敗，盡力做好自己身為「柱」的工作。義勇會將錆兔的和服圖樣放在自己的羽織上，想來也是為了表達要連他的分一起戰鬥的覺悟。

另外，右半邊的葡萄色素面布料，則與大喜之日前一天遭鬼殺害的姊姊蔦子所穿的和服是相同顏色，義勇是在左右肩上分別背負著過世親友的遺憾活下去。

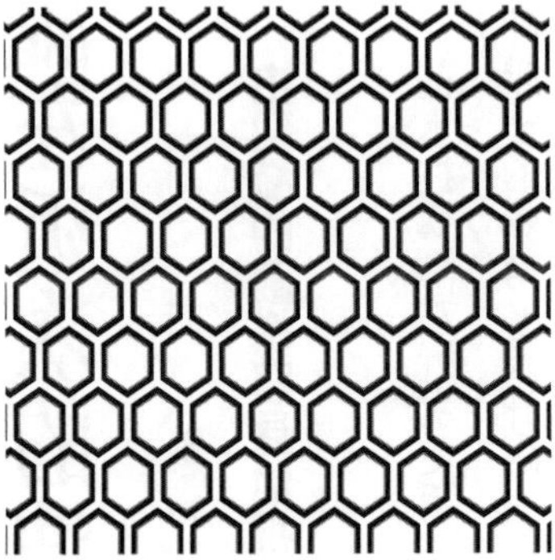

龜甲紋

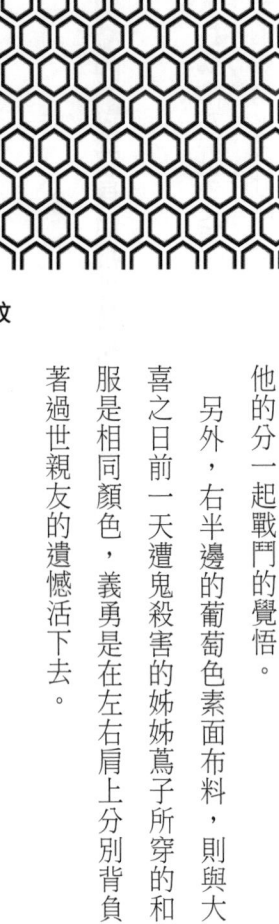

鱗瀧左近次的波紋、雲紋

由羽織的圖樣窺見他祈禱著和平生活

前水柱鱗瀧左近次使用「水之呼吸」，同時教導弟子竈門炭治郎活用「水之呼吸」的劍術。或許因為如此，他身上穿的羽織也是波浪紋路的波紋和祥雲的雲紋，是與水關係密切的組合圖樣。

波紋樣是將半圓形重疊在一起彷佛鱗狀、用來表現出波浪的圖案，有青海波、大波、小波、波頭、白波、立浪、荒波等各式各樣的變化形。由於波浪可以無止盡延伸，因此波紋樣有著「未來永劫與祈禱和平生活」的意義。左近次畢竟是使用「水之呼吸」的人，因此才會身穿波紋的圖樣吧。

而祥雲圖樣則是將據說是吉兆「瑞祥之雲」化為圖案，是受到中國神仙思想（相信有不老不死的仙人，並且希望自己也能夠成為仙人的思想）強烈影響的圖樣。

在氣象當中，雲朵的流動是判斷天氣不可或缺的項目，但過去還沒有氣象

雲紋

波紋

預報這種東西的時候，大家認為雲是「能夠左右天氣的不可思議事物」。一湧而出的雲朵被稱為「雲氣」，由於「運氣」會與雲朵大小和形狀相關，因此雲也會成為判斷吉凶的材料。祥雲被認為非常吉利，因此描繪出這個形狀的圖樣，到現在也還被認為是「大吉大利」。

左近次經常帶著天狗的面具，而天狗的原型據說是出現在《古事記》以及《日本書紀》當中，引導天照大神的子孫——也就是天孫天津彥彥火瓊瓊杵尊等人到地上世界的猿田彥，猿田彥在天上世界與地上世界之間的天之八衢等待天津彥彥火瓊瓊杵尊。會使用雲紋應該就是基於猿田彥的神話吧。

胡蝶忍的菱紋

具有藥效的菱與引人走向極樂的蝴蝶

在《鬼滅之刃》當中，也有些花紋並非傳統圖樣，而是作者打造出來的。但是在這些創作圖樣當中，也還是有隱含一些意義。

胡蝶忍的羽織圖樣是蝴蝶翅膀。在佛教當中，蝴蝶被認為是將靈魂運送到極樂世界的生物、非常神聖。與上弦之貳・童磨一戰當中，蝴蝶忍早就將鬼非常厭惡的藤毒致死量七百倍攝取到自己的肉體裡，讓自己被童磨吃下以後，使對方受到重大損傷。陷入危機的童磨面對鬼殺隊持續攻擊，使出了血鬼術・睡蓮菩薩，結果製作出一座巨大的冰雕菩薩像（第一六二話）。但是童磨的身體由於忍的毒性而越來越虛弱，最後終於遭到繼承忍遺願的栗花落加奈央斬首。在即將消滅以前，童磨對著自己意識當中的忍說：「要不要和我一起下地獄？」這句話更加對比出忍象徵著將人引導至極樂世界的蝴蝶。

順帶一提，蝴蝶會由毛毛蟲變成蛹，最後再變化為蝴蝶，因此也被認為是

「死與再生」「輪迴轉生」的象徵。在竈門炭治郎等人的子孫生活的現代故事，第二〇五話當中描繪了一對「鵲鴒女學校的美女姊妹」，與並未留下子孫便離開人世的胡蝶姊妹十分相像。

忍的蝴蝶紋應該還有另一個意思。在傳統紋樣當中，最接近忍的蝴蝶圖樣的便是菱紋。菱是一種生長在水邊的植物，由於繁殖力非常強，因此菱紋也被認為是祈禱子孫繁榮的圖樣。

菱自古以來便以其藥效為人所知，是少數成分中帶著有機鍺這種成分的植物。有機鍺具有類似嗎啡的止痛效果，也能夠促進人體形成干擾素，用來與病毒及癌細胞作戰。忍身為醫師、為了打倒鬼舞辻無慘而與珠世共同研究藥物，菱正可說是象徵她的植物。

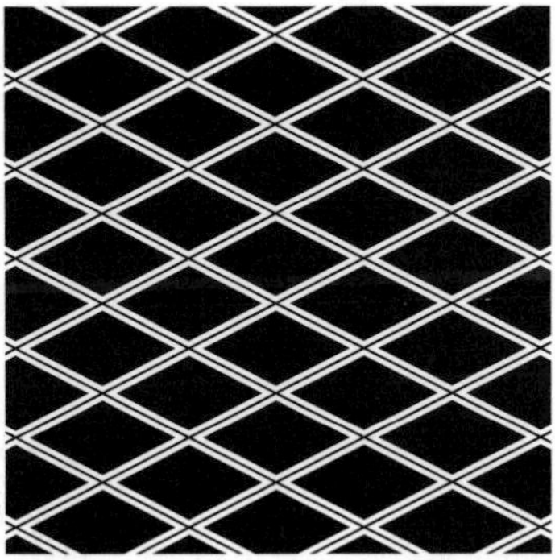

菱紋

竈門炭治郎耳飾上的日足紋

表現太陽光線的日足紋

竈門炭治郎身上戴的耳飾、赤紅髮色及額頭上的傷疤都是他的正字標記。過往到現在，男性戴耳飾都不是普遍性的習慣，但炭治郎是因為父親炭十郎告知「只有火之神樂和這個耳飾，你務必要繼承流傳下去」，因此戴著。

炭治郎戴的耳飾圖樣設計是太陽，外型則狀似花牌。而與火之神樂非常相像的「日之呼吸」使用者，也就是在戰國時代將鬼舞辻無慘逼到瀕臨盡頭的劍士繼國緣壹也戴著耳飾。

日本的耳飾歷史非常悠久，可以回溯到繩文時代。當時的耳飾有各式各樣的尺寸，最大的甚至有直徑九公分以上。進入彌生時代以後，耳飾文化便逐漸衰退。古墳時代則從朝鮮半島傳入將金屬產品裝飾在身上的文化。飛鳥時代已經製作出金屬製作的「耳環」，古墳也曾出土這類陪葬品。

但是之後又再次衰退，一直到明治時代為止，日本文化當中幾乎都沒有耳飾的身影。耳飾重新回到歷史中是進入明治時代之後的事情，由於西洋服裝普及，外國人也帶進了耳飾這種東西，到了一九六〇年代才開始正式流行起耳環。

炭治郎耳飾的圖案是被稱為日足紋的傳統設計。這個圖樣是用來表現出毀滅鬼的太陽光線，可說是非常適合滅鬼的「日之呼吸」繼承者。順帶一提，以日足紋為家徽的家族多在北九州，而作者吾峠呼世晴老師正是出身福岡縣。

日足紋

「藤家紋之家」的意義

藤之家徽為鬼的天敵記號

《鬼滅之刃》當中鬼的弱點是藤花，最後選拔地點的藤襲山，從山腳到山腰都盛開著藤花（第六話）。另外，在門上描繪著藤花家徽的家族由於過去曾受到鬼殺隊的救命之恩，因此義務擔任支援鬼殺隊的工作（第二十七話）。藤的生命力非常強，可說是與象徵死亡的鬼具有相對性的植物。

通常會使用藤圖案作為家徽的，是佐藤或者齋藤這類姓氏中有「藤」的家系。起源是平安時代至江戶時代獨霸攝關職位的藤原氏，祖先是與中大兄皇子共同發起乙巳之變的藤原（中臣）鐮足。藤圖樣的家徽種類繁多，當中並沒有與作品中藤家紋相同的花色，最接近的應該是上散藤紋。

將藤家紋畫得如此之大，怎麼想都覺得鬼應該會把這裡當成目標，但是鬼殺隊的成員卻能夠在此休息、不必擔心鬼會前來襲擊。提到藤原氏，一般都會想到是王公貴族之家，像是伊達氏、上杉氏、大友氏等都是從藤原家分家出來的武士之家。但是另外還有降伏四隻鬼作為自己部下的藤原千萬、打退鬼神岩嶽丸的藤原資家、打跑侵入宮中惡鬼的藤原忠平、壓制大百足及百目鬼的藤原秀鄉、與賴光四天王共同與酒呑童子作戰的藤原保昌等，有著打鬼傳說的藤原氏也非常多。可能因為這些理由，將藤設定為鬼的弱點。

藤原秀鄉由於討伐平將門而聞名天下，他擊退大百足的故事收錄在《俵藤太物語》當中。琵琶湖龍宮的使者委託秀鄉擊退大百足，他以強弓將箭射向大百足，卻被彈了回來。但最後他放出的箭還是貫穿了百足的眉心。

藤原家可說是鬼的天敵，想來藤家紋也是用來表現抵抗鬼之人的記號吧。

上散藤紋

專欄

「水之呼吸」與葛飾北齋

主角竈門炭治郎釋放的「水之呼吸」動作，據說原型是來自江戶時代畫師葛飾北齋的浮世繪作品中描繪的波浪。在動畫中將水流表現得非常美麗，也為鬼滅風潮推了一把。

北齋一生發表的作品超過三萬件，到九十歲為止留下了許許多多波浪圖案的作品。當中以「富嶽三十六景」當中的「神奈川沖浪裏」在海外被稱為「Great Wave」相當有名，波濤高高捲起、波浪中的三艘小舟以及背後的富士山，由好幾層重複折疊的對數螺旋構成。浪頭飛散的水花，看來就像是富士山正在下雪。其實若要拍攝這種形狀的波浪，相機需要的快門速度大約是八千分之一秒。「柱」及竈門炭治郎等人能夠發揮驚人的視力，看鬼的時候彷彿他們做的是慢動作，但其實葛飾北齋也有著易於常人的動態視力。

富嶽三十六景「神奈川沖浪裏」
與「水之呼吸」非常相似的波浪形狀，是以八千分之一秒快門的速度捕捉到的波浪樣貌。

第6章

隱藏在聖地中的暗號

淺草、吉原與鬼門

鬼自鬼門入侵

東北被視為不祥方位的理由

《鬼滅之刃》的故事發生在大正時代初期的東京市及其近郊，因此當中出現了許多實際存在的地名，還有一些作者吾峠呼世晴老師出身地北九州的幾個景點，被認為是角色姓名由來的「聖地」。

在考證《鬼滅之刃》相關地點的時候，希望大家要對「鬼門」有所了解。所謂鬼門，就是指鬼出入的方位——東北方向。在十二支（十二生肖）的方位當中，東北是丑（牛）與寅（虎）的方位，因此江戶時代鬼的樣貌便通常有著牛角與虎紋的褲子。

京都御所的猿之辻

位於御所東北方角落的矮牆被稱為猿之辻，為了避開鬼門而打造成凹陷形狀。

最早寫有鬼門的古籍非常久遠，是西元前一世紀前後的中國東漢武帝時代所寫成的《論衡》。根據此書中的說法，中國東方數百里海上有座山名為度朔山。山上有棵巨大的桃樹，其朝向東北方的巨大樹枝前端正是死者進出之門。據說這就是鬼門，而天帝指派神荼及鬱壘兩人為守衛。

為何會認為東北方是死者進出之門呢？中國認為自古以來世界就存在著對立的「陽」與「陰」。在《易經》的「先天八卦圖」當中，東與南屬陽；西與北屬陰。東北位於陰陽交界線上，是個難以判斷陰陽的方位。鬼會出現在不穩定的地方，也就是交界線上。因此東北方是鬼門，而相對的西南則是裡鬼門，也是個需要多加注意的方向。東北與死者相連，也就是象徵著死亡的鬼會進出的方位。

鬼門受到重視與日本的地形有關

只要知道這個鬼門及裡鬼門的思考模式，就能明白了解大和王權以奈良縣及京都府為中心的道理。日本列島是由東北往西南延伸的長條形，距離中央政權所在的近畿地方越遠，就越多「不服之民」。

東北方的人們被看作是蠻族、還被稱為「蝦夷」，在從前的繪卷當中都被描繪成如鬼一般的樣子。另外，裡鬼門方位的九州南部則是經常發生叛變的地區。《日本書紀》中記錄有大和武尊的熊襲（位於九州南部）討伐、二十六代繼體天皇時代的五二七年也曾發生磐井（今福岡縣）的豪族之亂等。

防止鬼入侵的江戶都市計畫

由於這種情況，因此在打造都城的時候，便於東北及西南方建設神社佛寺，希望仰仗神佛的力量防止鬼入侵。京都御所鬼門位置上的建築矮牆，就因為擔心會有鬼事臨頭所以做成凹陷的形狀。而其延長線上的京都街道，守住鬼門的是比叡山，那裡有天台宗總本山延曆寺與日吉大社。

江戶時代由於德川家康的命令，開始將江戶街道建設為日本的政治及經濟中心，當時也由天台宗的僧侶天海進行策畫，將封鎖鬼門與裡鬼門的方案羅織進都市計畫當中。鬼門方向有守護平將門首塚的神田明神（神田神社），裡鬼門則是江戶城內的日枝神社，兩者都被搬遷到適當的位置上。另外寺廟方面，在鬼門上蓋了寬永寺，且將麴町的增上寺移動到裡鬼門的位置。而這兩座寺廟同時也是供後人祭祀江戶幕府歷代將軍的菩提寺。其他的鬼門，則由當地的淺草寺負責。

神田明神（神田神社）

江戶城的鬼門方向，是將原先在大手町的神田明神遷移至適當位置，負責封鎖鬼門的工作。

江戶幕府能夠維持政權長達兩百六十五年，或許也是因為都市計畫當中也盡力防止鬼將不幸帶來呢。

東京市封印鬼門的力量被削弱

神佛分離令開放鬼入侵

《鬼滅之刃》東京中心只有兩個地方曾經出現鬼，也就是鬼舞辻無慘現身的淺草六區，以及上弦之陸妓夫太郎・墮姬所在的吉原。有著堅固鬼門暨裡鬼門封鎖計畫的江戶都市，在明治維新以後改稱為東京。就算是名稱有所變動，神社及寺廟的位置並未搬遷，但為何淺草與吉原會有鬼呢？

明治新政府大膽改革、下了許多命令，當中之一是明治元年（一八六八）年時頒布的神佛判然令（神佛分離令）。日本原先將神與佛視作相同的存在，因此寺廟會祭祀神明、神社裡也會誦經，大家都認為神社和寺廟是一樣的。這種神佛習合的宗教觀持續了將近一千年，但是明治新政府將神道教作為國家建設的主軸，因此將神與佛分開，要求先前混為一談的神社與寺廟境內必須加以整頓，將兩者分離。

因此淺草寺與那以三社祭聞名的淺草神社便被迫分開了。這件事情很可能造成封鎖鬼門的力量遭到削弱。另外前述的神田明神裡供奉的神明是被視為朝廷敵人的平將門，這點也被提出，因此政府將祂從本殿移到偏殿。雖然將門身為怨靈的力量非常強大、受到關東的人民尊敬，但也許從本殿遷移到偏殿，還是會導致封鎖鬼門的力量減弱。

從這些時代背景來思考，《鬼滅之刃》當中淺草與吉原有鬼出現，也是頗為合理。

「神聖」力量減弱，「世俗」力量增強

鬼會出現在淺草與吉原的理由並不只這樣。在第一章當中也有介紹，日本的歷史當中，遭到社會排擠或者不在一般社會框架當中求生之人，都會被視為鬼，淺草和吉原正是這類人聚集的「惡所」。

所謂「惡所」是指戲劇街及遊廓。大正時代的淺草發展為日本數一數二的遊樂城鎮，還建設了高五十二公尺的十二樓商業設施凌雲閣。淺草中最受歡迎的「淺草六區」現在也還被稱為「淺草六區通」或「搖滾座」。淺草六區林立

各式各樣的娛樂設施，包含活動寫真（電影的前身）、見世屋小屋（為馬戲團暨動物、特殊物品展示場所）、劇場等。當中特別受歡迎的就是活動寫真，有電氣館、帝國館、大勝館、三友館等。鬼舞辻無慘現身的第十三話背景裡畫著「大友館」的看板，可能是將大勝館和三友館的名字合在一起吧。

另外，江戶城鎮中的遊廓原先在現今人形町一帶，但是由於一六五七年的明曆大火後進行了大規模的都市改造，因此轉移到鬼門方位所在的吉原。在江戶時代，這裡是不受到幕府及權力支配的「公界」（公共場所），甚至可以說是不在法治管轄之內，但是對於在當中工作的遊女們來說卻是個「苦界」（日文和公界發音同為 KUGAI）。暴露出人類愛慕虛榮樣貌及充滿各種欲望的鬧區及遊廓，正位於東京市的鬼門。

白鬚橋就架設在鬼現身的交界線上

淺草與吉原在地理學上也很容易出現鬼。因為這個地方被河流包圍，並且是東京市的邊界。在古籍當中，鬼會出現的地點特徵便是橋及門。位於 A 地點與 B 地點界線的橋上或者門當中，是屬於非 A 地點也非 B 地點的不穩

新吉原夜櫻之景
位處東京市東北角鬼門位置的吉原，有許多鬼會出現的重要因素。

定場所。就像鬼會出現在時代更迭的時期，不穩定的空間界線也是鬼會出現的重要地點。當時的東京市範圍比現在的東京二十三區小一些，淺草就在東京市的東北角。而《鬼滅之刃》的故事發生在大正三年（一九一四），淺草區附近搭了一座白鬚橋。

由於宗教改革導致封鎖鬼門的力量衰退，而反之增強的則是「世俗」的力量，此時又在這兒搭了一座橋。可能是由於這些事情，因此《鬼滅之刃》選擇淺草與吉原作為都心區域當中唯二出現鬼的重要地點。

竈門神社與竈門兄妹

與主角的姓氏「竈門」相關的三間神社

位於作者出身地福岡縣的竈門神社

在《鬼滅之刃》聖地當中最有名的，便是位於九州北部的三間竈門神社。據說「竈門家」的姓氏便來自這些神社，讓我們探詢一下其中道理。

首先是位於福岡縣太宰府市的寶滿宮竈門神社。大宰府是對外國的玄關，負責行政與防衛，為了封鎖這裡的鬼門而於六七三年建設了這間神社，位處靈山寶滿山的山麓。寶滿山是修驗靈地，修驗者們會身著與炭治郎的羽織圖案非常相似的市松紋樣裝扮。

第二個是位於福岡縣筑後市的溝口竈門神社。在第五十四話當中，曾有一個場景是炎柱・煉獄杏壽郎失口將炭治郎稱為「溝口少年」，因此這裡也成了聖地。福岡縣有寶滿宮竈門神社與溝口竈門神社，畢竟也是作者吾　呼世晴老師的出身地，因此非常有可能就是「竈門」姓氏的由來。

有間神社流傳朝日升起便擊退鬼的傳說

最後一間是位於大分縣別府市的八幡竈門神社。這裡有據說是鬼所打造的石梯，從前曾有個食人鬼每晚出現，將城鎮的人當成大餐享用。鎮民向這間神社的神明祈求祂能趕走食人鬼，因此神明與鬼做了約定：「你如果能一晚造好一百層石階梯，就每年給你活人祭品。但若做不到，你今後都不可以出現在鎮上。」鬼非常迅速地開始從山谷和河流中搬來石頭。但是當他做到第九十九階的時候，天卻亮了。之後鬼就不曾再次出現在城鎮當中。隨晨光敗退的鬼，正彷彿會在日光下消滅的《鬼滅之刃》中鬼的設定。

寶滿宮竈門神社
福岡縣太宰府市內山 883

三間神社祭祀的女神與竈門禰豆子

象徵位處人與神之間的巫女

這三間神社除了與竈門炭治郎有關係以外，也與妹妹禰豆子有非常深的關聯。其實這三間神社都祭祀了通靈型女神。

寶滿宮竈門神社與溝口竈門神社祭祀的是玉依姬。玉依姬是海神的女兒，有個姊姊名為豐玉姬。豐玉姬和初代天皇神武天皇的祖父山幸彥結婚後產下鸕鷀草葺不合尊，卻因為自己真正的樣子（海神的姿態）被丈夫山幸彥看見而感到萬分羞愧，因此留下孩子、自己回到海神宮殿了。玉依姬只好養育姊姊留下來的孩子，而鸕鷀草葺不合尊長大之後，兩人便結婚了。之後玉依姬產下了神武天皇。

玉依姬是九州地區非常多地點祭祀的女神。玉依姬的「玉」表示「靈魂」；而「依」則是神靈「憑依」（附身）的意思，因此可說是神格化之後的巫女。

通靈後遠征成功的皇后

八幡竈門神社的起源，是仲哀天皇的妻子神功皇后為天皇蓋的臨時宮殿。仲哀天皇在征討九州的時候亡逝，神功皇后雖然有孕在身，依然將神石綁在腹部延緩產子時間、繼續討伐各地，還渡海出兵朝鮮半島。神功皇后也是通靈的巫女，據說她的孩子應仁天皇雖然還在母親腹內，也能發揮神明力量。

三間神社的共通之處就是祭祀了象徵巫女的女神。正如同基督教的聖母瑪麗亞，全世界的神話都有關於處女懷胎、神婚的要素。在第二章當中也曾提到，禰豆子是介於人與鬼之間的巫女。這三間竈門神社也可說是象徵禰豆子巫女性質的聖地。

溝口竈門神社
福岡縣觀光聯盟提供
福岡縣筑後市溝口 1553

八幡竈門神社
大分縣別府市大字內竈 190

上賀茂神社與我妻善逸及竈門禰豆子的結婚

蘊藏雷神神靈的箭矢

在《鬼滅之刃》單行本第二十三集中最終話描繪的是現代故事，當中出現的我妻善照與燈子兄妹，是我妻善逸與竈門禰豆子的子孫。在最終決戰後，善逸對禰豆子的心意終於修成正果。有個神社的神話讓人聯想到善逸與禰豆子的婚姻，正是位於京都的上賀茂神社（賀茂別雷神社）。

上賀茂神社所祭祀的神明是賀茂別雷神。祂的誕生神話是這樣的：從前有一次在天上鳴雷後，一支箭從天而降。這支箭從賀茂川的上游流向正在清淨自己身體的玉依姬身邊。玉依姬覺得非常不可思議，就將這支箭帶了回家，於是她便懷孕產下了賀茂別雷神。這是由於玉依姬與依附在箭上的雷神結合，因此生下了孩子。

這位玉依姬是神靈附身的巫女神格化之後的名字，和九州竈門神社祭祀的海神之女玉依姬是不同一位神明，但是處女懷胎與神婚的神話情節非常相似。善逸使用的是「雷之呼吸」，據說在修行時被雷打到，所以才變成金髮。他可說就是雷神之子。另一方面，禰豆子則是象徵女巫般的角色。上賀茂神社的神婚神話與善逸及禰豆子的婚姻實在非常相符。

順帶一提，玉依姬與她的父親賀茂建角身命是與上賀茂神社相對的下鴨神社（賀茂御祖神社）祭祀的神明，賀茂建角身命據說是引領神武天皇抵達大和之地的八咫烏化身。

上賀茂神社（賀茂別雷神社）
京都府京都市北區上賀茂本山 339

葛木坐火雷神社與我妻善逸

祭祀與善逸關係密切的雷神

我妻善逸使用的「雷之呼吸」原先最多只到陸之型，但是他在與師兄上弦之陸・獪岳一戰當中，使出了他自己悄悄練出的漆之型「火雷神」（第一四五話）。由於與此技有著同名社號而成為聖地的，是位於奈良縣葛城市的葛木坐火雷神社。

葛木坐火雷神社祭祀的神明是火雷大神，與居住在此的笛吹連祖神天香山命。火雷大神是由產下眾神的伊耶那美屍體誕生的八位雷神總稱，當中由伊耶那美胸口出生的雷神名為火雷神。

上賀茂神社祭神之父

葛木坐火雷神社與善逸之間的關係，並不是只有名稱相同。在《山背國風土記》中有關於京都府乙訓坐火雷神社的紀錄，這間神社與葛木坐火雷神社一樣是祭祀火雷大神及天香山命。紀錄當中提到火雷大神之一的火雷神成為箭矢來到地上世界，使賀茂建角身命之女玉依姬懷孕，產下賀茂別雷神。

這與前面介紹讓人連想到善逸及竈門禰豆子婚姻的上賀茂神社，其神婚神話是共通的。

葛木坐火雷神社
奈良縣葛城市笛吹448

目前這間乙訓坐火雷神社已經不存在，據說應該是角宮神社（京都府長岡京市）及向日神社（合祀，京都府向日市）的源頭神社。角宮神社祭祀的神明為火雷神；向日神社則為向日神、火雷大神、依姬命及神武天皇。

嘴平伊之助、悲鳴嶼行冥與大岳山、日之出山

祛除疫病的「御犬樣」之山

嘴平伊之助與鬼殺隊公認最強之人岩柱・悲鳴嶼行冥的出身地非常接近，分別是東京都西多摩郡的大岳山與日之出山。這兩座山之間有著以關東修驗靈場聞名的御岳山，上頭設有武藏御嶽神社。這幾座山有共通的信仰，也就是守護大和武尊的白色野狼「御犬樣」。

在《日本書紀》當中記載著「御犬樣」的由來。大和武尊在東征時曾路經此地，但是這片土地上的邪神卻以巨大的白鹿姿態現身。大和武尊雖然用山蒜趕跑了邪神，卻因為周遭的濃霧而迷失了路途。此時出現了一隻白色大狼為大和武尊一行人帶路，之後這隻白色大狼便被稱為「大口真神」作為神明祭祀，以「御犬樣」身分受到人們信仰。

「御犬樣」特別受到矚目是在幕末三不五時就流行霍亂的時期。霍亂在日本以漢字標示是寫著「虎狼狸」，人們認為這是一種外國人帶來的妖怪造成的疾病。為了要對抗來自外國的「妖怪」，因此人們仰仗起日本自古以來就有的動物，也就是日本大狼之神。霍亂流行時，有許多人認為「御犬樣」的護身符具有預防感染的效果。

鬼也是疫病的象徵。或許正因為有著祛除疫病的信仰，因此「御犬樣」的聖地才被選為與鬼作戰的鬼殺隊出身之地吧。

大岳山山頂的大岳神社御犬樣

奧多摩群山

大岳山（東京都西多摩郡檜原村／奧多摩町）
日之出山（東京都西多摩郡日之出町／青梅市御岳）

八丈島與伊黑小芭內

過往只有女性的八丈島傳說

鬼殺隊成員中出身地明確的人，之中唯一出身於島嶼的就是蛇柱・伊黑小芭內。他來自東京都的離島——八丈島，而伊黑一族是靠著「下肢如蛇般的女鬼」，也就是蛇鬼殺人奪取來的財物維生，同時必須獻上一族生下的嬰兒給蛇女作為交換。小芭內原先也應該在嬰兒時期就被蛇女吃掉，但不知為何原先只有女孩兒出生的伊黑家，久違三百七十年後生下了男孩子，因此一直讓他活到長大（第一八八話）。

八丈島有個女護島傳說。中國的秦始皇為了尋找長生不死之藥派出徐福，讓他帶著許多童男童女出海，日本各地都留有徐福船隊漂流到當地的傳說，八丈島也是其中之一，據說有五百位女孩子漂流到此地，成為島民的祖先。而與徐福在一起的五百位童男則漂流到青之島（男島）上，只生下女孩的設定，應該是來自這個傳說吧。

祛除疫病的神明安眠之島

八丈島上有個傳説，是關於源為朝的故事，他被認為是代表祛除疫病的武人而受到民眾信仰。為朝在保元之亂（一一五六）戰敗後，被流放到伊豆大島。之後他開始征服鄰近的島嶼、擴大自己的勢力。但是伊豆國領主狩野茂光認為他的勢力過於危險，因此出征討伐他，為朝最後便自殺了。傳説為朝離開了大島來到八丈島，最後是在八丈小島上被討伐身亡。據説為朝在伊豆諸島中的鬼島擊退了鬼，讓那兒的首領鬼夜叉成為自己的部下。另外，八丈島及伊豆諸島在本土有疫病流行時也沒有人受到感染，因此為朝便成為祛除疫病的神明而受人信仰。

八丈島
東京都八丈島八丈町

後記

在現代甦醒的鬼之真面目

自太古至今的「殺害蠻神」歷史

日本人害怕鬼，並且一路打鬼到現在。回溯歷史會發現其源頭來自「殺神」。須佐之男擊退擁有八頭八尾的八岐大蛇，據說巨大的龍是大河的象徵，被斬殺的八岐大蛇體內則有三種神器之一的草薙劍。這個神話被認為應該隱射了人類治理了大河氾濫，並且從豐富的水源及河流中採取出砂鐵而獲得了金屬礦。人類殺害了帶來惡事的「野蠻之神」，同時擴展了自己的生活圈。

人類畏懼有著龐大力量的自然，在將自然作為神明崇敬的同時，也一路克服自然帶來的困難，試著讓人類社會更加豐裕。但是隨著社會成熟，危害人類的東西不再是自然，逐漸變化為人類本身。不服從中央政權大和王權勢力的「不服之民」，被中央認定是野蠻的人類，稱他們為「土蜘蛛」，以討伐惡鬼之名將出征一事正當化。殺害野蠻之神的歷史，從單方面來看就是討伐對自己不利的惡勢力。

日本神話中被描繪成英雄的大和武尊，繞境全國征討土蜘蛛，但他的手段可一點都不像英雄。他扮成女裝暗殺了熊曾建兄弟；假意與出雲建交好後，卻交換彼此的劍來殺害對方（大和武尊先將自己的劍換成木劍，與出雲建假意交朋友後表示想交換佩劍作為友情證據，隨即便用出雲建的劍攻擊對方，出雲建因為手上只剩下無法使用的木刀而遭刺身亡）等等，使用許多謀略及欺瞞的方式去征討所謂的「不服之民」。平安時代的鬼首領酒呑童子熱情招待來訪大江山的源賴光一行人，卻因為喝了賴光等人帶來的毒酒而身亡。在古書中的打鬼故事，其實正是中央政權或者一般社會殲滅那些被排擠勢力的悲傷歷史。

少數族群化的人們

在《鬼滅之刃》當中，非常仔細描繪出那些殺害人類、使人類痛苦的鬼，他們悲慘的過往故事。當鬼消滅的時候，主角竈門炭治郎也展現出同情、慈悲之心。雖然只有短短一瞬間，鬼會回想起他們還是人類時的過往。《鬼滅之刃》描繪的鬼們，雖然是吃人的「惡」，但會有這樣的「惡」，卻是人類社會自己造成的。而與鬼有著相同悲慘過去的鬼殺隊成員，也是很有可能變成鬼的。

本書當中已提過，鬼殺隊本身就是社會上少數族群的群體，這與現代社會也是相符合的。平成年代曾有109辣妹、安室風等眾人打扮一致的時尚風潮，但現在已經沒有那樣「群眾」的價值觀。

所謂「個性」是指與一般標準相異的特質。在尊重個性的時代，價值觀會變得比較多樣化，任何人都可以透過網路社群等媒介成為發出訊息的人，因此原先那種「這樣做就對了」的價值標準變得非常不確定。所謂的多數已經不存在了，這個時代可以說，所有人都是少數族群。

現代社會的黑暗面催生出鬼怪

少數族群非常孤獨。正因為孤獨，所以若想要受到其他人的認同，就很容易依照自己的正義感在網路上寫一些批判。因此而發生的「炎上（網路上集中批判的狀態）」，能夠讓人重新見識到何謂殺害野蠻之神。

但是，自以為是擊退鬼（危害社會之人）的這方，其實並沒有發現自己已經成為鬼。在《鬼滅之刃》當中的鬼也都會主張自己的正當性，有許多闡述人類弱點及殘酷的場景。

上弦之肆・半天狗在第一二四話表示自己是「善良的弱者」「明明如此可憐卻沒有人同情」。另外，在第一四五話中上弦之陸・獪岳則說：「看低我而不認同我的人，才是『惡』！」兩者都是向他人尋求將自己行為正當化的理由。「我做的是正確的事情」，這種想法當中其實就藏有形成鬼的黑暗陰影。

而在現代社會當中，對於作惡或出軌之人大肆批判、公開其個人資訊等，這類「正確的行為」很容易就能辦到。但認為這是「正確的行為」，這件事情本身卻會成為傷害他人的「鬼的惡行」。

走向令和的現代，正是一個任何人都會成為鬼的時代。

國家圖書館出版品預行編目資料

鬼滅的暗號：從角色、故事、戰鬥、時代、紋樣、聖地，解密《鬼滅之刃》/瀧音能之監修；黃詩婷譯. -- 初版 -- 臺北市：圓神，2021.07
224面；14.8×20.8公分 --（圓神文叢；300）

ISBN 978-986-133-770-8（平裝）
1. 漫畫 2.文化研究 3.文化史 4.日本
731.3　　110007432

圓神出版事業機構　圓神出版社

www.booklife.com.tw　reader@mail.eurasian.com.tw

圓神文叢 300

鬼滅的暗號：

從角色、故事、戰鬥、時代、紋樣、聖地，解密《鬼滅之刃》

監　　修／瀧音能之
譯　　者／黃詩婷
審　　訂／蔡亦竹
發 行 人／簡志忠
出 版 者／圓神出版社有限公司
地　　址／臺北市南京東路四段50號6樓之1
電　　話／（02）2579-6600．2579-8800．2570-3939
傳　　真／（02）2579-0338．2577-3220．2570-3636
總 編 輯／陳秋月
主　　編／賴真真
責任編輯／林振宏
校　　對／林振宏．吳靜怡
美術編輯／簡　瑄
行銷企畫／陳禹伶．鄭曉薇
印務統籌／劉鳳剛．高榮祥
監　　印／高榮祥
排　　版／莊寶鈴
經 銷 商／叩應股份有限公司
郵撥帳號／18707239
法律顧問／圓神出版事業機構法律顧問　蕭雄淋律師
印　　刷／祥峰印刷廠
2021年7月　初版

定價 320 元　ISBN 978-986-133-770-8　